Margit Fischer — WAS WIR WEITERGEBEN

Margit Fischer

WAS WIR WEITERGEBEN

Brandstätter

*Für meine Enkeltöchter
Anna, Una und Julia*

Inhalt

VORWORT		9
Familienstammbaum		14
I	MEINE FAMILIENGESCHICHTE – Was mich prägte	17
II	EXIL UND HEIMAT – Was ich suchte & fand	47
III	BILDUNG – Was uns weiterbringt	77
	Fototeil	95
IV	PARTNERSCHAFT – Was wir brauchen	140
V	EMANZIPATION – Was wir wollen	183
VI	LERNEN AUS DER GESCHICHTE – Was wir weitergeben	199
Abkürzungsverzeichnis		214
Personenregister		215
Bildnachweis		221

VORWORT

Als ich die Einladung des Brandstätter Verlages erhielt, ein Buch über mein Leben und meine Lebenserfahrungen zu schreiben, fiel mir zunächst Rosa Jochmann – eine große Frau, die ich sehr bewundere – ein, die auf eine ähnliche Frage mit dem Satz geantwortet haben soll: „Das was ich schreiben kann, will ich nicht schreiben und das, was ich schreiben will, kann ich nicht schreiben". Dann überlegte ich: Bei mir stimmt das so nicht. Ich bin nicht bereit, einen solchen Gegensatz zwischen Können und Wollen beim Schreiben eines Buches zu akzeptieren. Ich kann sehr wohl schreiben, was ich schreiben will und sollte es etwas geben, was ich nicht schreiben will, dann schreibe ich es eben nicht.

Auf eine weitere Frage musste ich eine Antwort finden: Welche Geschichte habe ich zu erzählen, was habe ich zu sagen, das Leserinnen und Leser interessieren könnte und dem sie ein ganzes Buch lang folgen? Ich bin von meiner Jugend an politisch sehr interessiert, aber keine berühmte Politikerin; ich liebe die Kunst, bin aber keine bedeutende Künstlerin; keine Powerfrau aus dem Bereich der Wirtschaft; keine renommierte Wissenschafterin – und schon gar kein Medienstar. Ich bin kaum je auf der Titelseite einer Zeitung zu finden. Was Leserinnen und Leser aber vielleicht interessiert, ist die Lebensgeschichte einer Frau, die während des Zweiten Weltkrieges geboren wurde, aber nicht in Österreich – der Heimat ihrer Eltern –, sondern in Stockholm, wo ihre Eltern auf der Flucht vor den Nationalsozialisten Asyl gefunden haben. „Asyl" ist für mich ein wichtiges Stichwort, das mich gerade jetzt wieder sehr beschäftigt und auf das ich in diesem Buch einige Male zurückkommen werde.

Leserinnen und Leser sind vielleicht auch interessiert an der Biografie einer Frau, deren Eltern aus überaus bescheidenen Verhältnissen kommen und die heute Gattin des Bundespräsidenten ist. Meine Mutter war Küchenhilfe auf Schutzhütten im Salzburgischen und Kellnerin im Salzburger Stieglbräu, mein Vater stammte aus dem assimilierten jüdischen Kleinbürgertum und er hat eine für das österreichische Judentum nicht untypische Biografie, die in diesem Buch sichtbar gemacht wird. Otto Binder wurde als 28-Jähriger verhaftet und ins KZ verschleppt, wo er jeder Menschenwürde beraubt täglich um sein Überleben kämpfen musste, ehe er doch noch nach Schweden emigrieren konnte. Und damit erzählt mein Leben auch ein Kapitel europäischer Exilgeschichte.

Und Leserinnen und Leser sind vermutlich auch daran interessiert, wie ich die letzten elf Jahre als Gattin des Bundespräsidenten der Republik Österreich erlebt habe.

Ich nutze die Einladung dieses Buch zu schreiben aber auch dazu, den Lebensweg einer Frau zu beschreiben, die gesellschaftspolitische Entwicklungen immer genau verfolgt hat und am politischen Geschehen sehr interessiert ist. Die Probleme der Vereinbarkeit oder Nichtvereinbarkeit von Beruf und Familie habe ich in vielfacher Weise kennen gelernt und am eigenen Leib verspürt. Ich weiß, wie viel auf dem Gebiet der Familienpolitik im weitesten Sinn des Wortes noch zu tun ist. Und in unmittelbarer Nachbarschaft zur Familienpolitik ist auch die Bildungspolitik angesiedelt.

Mit meinen eigenen Initiativen bemühe ich mich, unsere Gesellschaft im Kleinen zum Besseren zu verändern, nämlich unseren Horizont erweitern beim Österreichischen Frauenrat (ÖFR), selbstbestimmtes Lernen beim Science-Center-Netzwerk (SCN) zu fördern und bei der Österreichischen Volkshilfe (ÖVH) den in Not Geratenen eine Stimme zu geben.

Mein Leben besteht aus so vielen Erinnerungen und Erfahrungen, dass ich sie gerne weitergeben möchte. Familie ist natürlich auch ein großes Thema, die Schule, der Alltag zwischen Anspruch und Wirklichkeit. Dabei geht es immer auch um Chancen und Möglichkeiten, die man ergreift – oder auch nicht. Es geht um Freiräume und Restriktionen, um Grenzen, deren Verschiebung wir Frauen oft als erste spüren. Ich glaube ein feines Sensorium für diese Entwicklungen im gesellschaftlichen Selbstverständnis zu haben. Sei es, weil ich von meiner Familie her früh für politische Fragen des Alltags sensibilisiert wurde, sei es, weil mich die schwedische Gesellschaft und ihre Modernität faszinierte und zu Vergleichen anregte. Es geht aber auch um Zeitgeschichte und Politik.

Was ich weiterzugeben habe, ist ein Stück österreichische Zeitgeschichte aus Sicht einer Frau, die in der zweiten Reihe stand und steht, aber vieles aus erster Hand erfahren und erleben durfte. Meine Geschichte erzählt von den wichtigsten Herausforderungen des Lebens: Sich selbst treu zu bleiben, den Blick fürs Neue nicht aus den Augen zu verlieren und dafür zu sorgen, dass auch die nächsten Generationen die Chance haben, ihr Leben selbstbestimmt zu gestalten.

Bedanken möchte ich mich an dieser Stelle bei Barbara Blaha, die die Initiative für dieses Buch ergriffen hat und bei

Barbara Tóth, die an der Konzeption des Buches maßgeblich beteiligt war. Dann gibt es noch eine dritte Barbara, nämlich Frau Barbara Streicher, die den Verein SCN als Geschäftsführerin in so umsichtiger Weise mit dem Vorstand aufgebaut hat und führt.

Bedanken möchte ich mich aber auch bei meinem Mann, Heinz Fischer, der mich nicht nur während der Entstehung dieses Buches unterstützt hat, sondern während unserer ganzen schönen Partnerschaft gefördert, bestärkt und meine Interessen sowie mein Bedürfnis nach Freiräumen voll respektiert hat.

Wien, im September 2015

Margit Fischer

Familienstammbaum

Josef Binder ⚭ **Regina** [Spitz oder Spitzer]
geb.: 30. April 1842 geb.: 1842
(in Nikolsburg / Mähren) (in Nikolsburg / Mähren)
gest.: 5. Mai 1909 gest.: 26. Februar 1916
(in Wien) (in Wien)

Julius, Fanny, Moritz, Max, Isidor, Gisela, Karl, Wilhelm, Hans

Julius Binder
geb.: 1. Mai 1873 (in Wien)
(in Nikolsburg / Mähren)
gest.: 28. August 1915
(bei Sokal / Galizien)

Heddy
geb.: 31. Mai 1908 (in Wien)
gest.: 1942 (deportiert)

Ignatz Weissenstein
geb.: 25. August 1847
(in Golć-Jenikau / Böhmen)
gest.: 11. Oktober 1912
(in Wien)

⚭

Therese [Gottlieb]
geb.: (. Mai 1855
(in Brüsau / Mähren)
gest.: 28. Januar 1935
(in Wien)

Hermine, Sophie, Max, Oscar, Frieda

⚭ **Hermine** [Weissenstein]
geb.: 10. Oktober 1880
(in Staschkau / Mähren)
gest.: 1942 (deportiert)

Otto Binder
geb.: 2. Januar 1910
(in Wien)
gest.: 15. Februar 2005
(in Wien)

⚭

Anni [Pusterer]
geb.: 18. Dezember 1913
(in Saalfelden)
gest.: 22. Januar 2000
(in Wien)

Margit
geb.: 28. Juni 1943
(in Stockholm)

Lennart
geb.: 30. März 1948
(in Stockholm)

Marianne
geb.: 9. September 1953
(in Wien)

Heinz Fischer
geb.: 09. Oktober 1938
(in Graz)

⚭

Margit [Binder]
geb.: 28. Juni 1943
(in Stockholm)

Philip
geb.: 26. November 1972
(in Wien)

Lisa
geb.: 10. Juni 1975
(in Wien)

I
MEINE FAMILIENGESCHICHTE – Was mich prägte

Wo anfangen? Wenn man über sich nachdenkt, taucht recht bald die Frage auf „Woher komme ich?" Ich könnte darauf antworten: Meine Mutter stammt aus dem Pinzgau. Oder: Ich bin eine Österreicherin. Genauso gut: Ich bin am 28. Juni 1943 in Stockholm geboren. Vielleicht auch: Meine Familie väterlicherseits stammt ursprünglich aus Mähren und war jüdisch, meine Familie mütterlicherseits war eine Eisenbahnerfamilie aus Saalfelden.

All diese Aussagen sind richtig. Aber wenn ich über meine Familie und meine Wurzeln nachdenke, dann kommt mir vor allem ein Gedanke in den Sinn: Ich stamme aus einer sozialdemokratischen österreichischen Familie. Doch diese Sozialdemokratie und ihr spezielles Milieu, in dem mein Vater und meine Mutter in ihrer Jugendzeit für ihr Leben geprägt wurden und das später auch mich noch formte, gibt es heute in dieser Form nicht mehr.

Meine Familiengeschichte ist zugleich ein Stück mitteleuropäischer Geschichte, weil sich in ihr die Brüche und Kontinuitäten dieses Kontinents im 21. Jahrhundert spiegeln. Zwei Weltkriege, die Schrecken des Holocaust, die Armut und Aussichtslosigkeit dazwischen; aber auch der Glaube und die Hoffnung an eine bessere Zukunft, die meine Eltern in den Idealen der Sozialdemokratie suchten und letztlich fanden. Manchmal denke ich, das Leben meiner Vorfahren ist dermaßen dicht und voll von Schicksalen, dass man sich aus heutiger Sicht gar nicht mehr vorstellen kann, was alles an Leid, Glück, Zufällen, Angst, Mut und Hoffnung in nur wenigen Jahrzehnten möglich und zu verkraften war. Es war tatsächlich ein Zeitalter der Extreme, wie der britische Historiker Eric Hobsbawm, das „kurze Jahrhundert" von 1914 bis 1991 beschreibt. Wie privilegiert meine Generation und die unserer Kinder doch ist, dass sie in einem Zeitalter des Friedens aufwachsen dürfen – und das in Österreich seit mehr als sieben Jahrzehnten. Möge der Friede erhalten bleiben.

Im Fall meines Vaters Otto Binder führte dieses extreme Zeitalter dazu, dass – bis auf einen inzwischen verstorbenen Onkel in Kalifornien und eine ebenfalls schon verstorbene Tante in Buenos Aires – niemand außer ihm in seiner Familie den Holocaust überlebt hat. Seine Mutter, seine Schwester und alle Verwandten wurden ermordet. Sein Vater entging wohl nur deshalb der Ermordung durch die Nazis, weil sein Leben bereits im Ersten Weltkrieg ein Ende fand.

Mein Vater hat noch zu Lebzeiten die Gräber meiner Urgroßeltern in der israelitischen Abteilung des Wiener Zentralfriedhofes mit Steinplatten decken und darauf „In Memoriam" die Namen jener 14 Verwandten eingravieren lassen, die ihr Leben in den beiden Weltkriegen des 20. Jahrhunderts verloren hatten. Zwei Tote waren es im Ersten Weltkrieg. Und 12 im Zweiten. Er und meine Mutter Anni liegen in einem anderen Grab beieinander, aus einem besonderen Grund, den ich später erzählen werde.

Gleichzeitig sorgte dieses extreme Zeitalter dafür, dass mein Vater – er war ein Nachfahre einer jüdischen Schneiderfamilie aus Mikulov, die in den 1850er Jahren wie viele tausend andere Juden auch in die Kaiserstadt Wien eingewandert waren – und meine Mutter – sie war die Tochter eines Eisenbahners und einer Gasthausköchin aus Saalfelden – sich in den 1930er Jahren in einem Jugendlager der sozialistischen Arbeiterjugend in Salzburg kennen lernten und ineinander verliebten. Der aus kleinbürgerlichen, jüdischen Verhältnissen stammende Versicherungsangestellte Otto Binder aus Wien und die knapp vier Jahre jüngere Kellnerin Anni Pusterer hätten sich wohl außerdem nicht kennen gelernt, wenn sie sich nicht so intensiv für die Sache der Sozialdemokratie begeistert hätten.

Wo genau sich meine Eltern kennen gelernt haben, ist in unserer Familiengeschichte nicht restlos geklärt. Es war jedenfalls 1931, aber ob das Treffen der Sozialistischen Arbeiterjugend in Schwarzach oder in St. Johann stattgefunden hat, ist nicht überliefert. Sehr oft hat mein Vater aber jenen besonderen Moment beschrieben, der ihn und meine Mutter für immer zusammenschweißte. Es war der 10. April 1938, der Tag der Volksabstimmung über den sogenannten Anschluss Österreichs ans Deutsche Reich. Am Nachmittag dieses Tages verabschiedeten Otto und Anni sich am Westbahnhof in Wien in der festen Absicht, dennoch immer zusammenzubleiben. Sie gingen auf unbestimmte Zeit auseinander, weil zusammenzubleiben zu diesem Zeitpunkt bedeutet hätte, sich gegenseitig zu gefährden. Jemanden, den man liebt, zu verlassen, um sein Überleben zu sichern – wer von uns nach dem Krieg in Österreich Geborenen und Aufgewachsenen kann sich dieses Gefühl vorstellen? (Wenn ich jetzt allerdings über das Schicksal von Flüchtlingen aus Syrien, Afghanistan oder Libyen lese, dann drängt sich wieder stark die Biographie meiner Eltern in mein Gedächtnis.)

Die Volksabstimmung vom April 1938 war natürlich eine von den Nazis inszenierte Farce. Trotzdem wurde sie zur Tragödie. Mit „Nein", also gegen den Anschluss Österreichs an Hitler-Deutschland zu stimmen, hätte unabsehbare

Konsequenzen gehabt. Die Stimmzettel wurden nicht in eine verschlossene Urne geworfen, sondern daneben gestapelt, in der Reihenfolge der Stimmabgabe. Meine Mutter Anni musste abstimmen, sie war katholisch und keine Jüdin. Mein Vater Otto durfte nicht abstimmen, er war jüdisch. Immer wieder hatte meine Mutter meinem Vater in den Tagen davor erklärt, sie werde ganz sicherlich mit „Nein" stimmen, egal, was komme, weil sie könne und wolle nicht lügen. „Du musst", hatte mein Vater sie immer wieder gebeten, „du darfst diesmal nicht die Wahrheit offenlegen". Meine Mutter war immer offen und gerade heraus. Ihre Aufrichtigkeit und ihre herzliche Direktheit sind zwei Eigenschaften, die sich später im schwedischen Exil noch verstärken sollten, passten sie doch so gut zur Kultur dieses nordischen Landes.

Das Wahllokal, das meine Mutter im Frühjahr 1938 also aufsuchen musste, war in der Polizeistelle in der Viriotgasse eingerichtet worden. Sie hatte seit dem Winter 1937 bei einer Gymnasiallehrerfamilie in der Latschkagasse am Alsergrund als Köchin eine Anstellung gefunden. Ihre Erinnerungen an diesen Job sind nicht ungetrübt, weil es zu ihren Aufgaben auch gehörte, einen langhaarigen, weißen Windhund zu bürsten, der sich oft im Kot anderer Hunde wälzte. Sie stand Hunden danach Zeit ihres Lebens „sehr reserviert" gegenüber. Das hat sie oft erzählt, als wäre das in diesen schrecklichen Zeiten damals das größte Problem gewesen …

Mein Vater Otto begleitete sie am Tag der Volksabstimmung bis direkt vor die Tür des Wahllokals, aus Angst, sie würde ihre Ankündigung wirklich wahr machen. „Hast Du mit Ja gestimmt?", war das erste, was er sie fragte, als sie herauskam. „Ja, habe ich", sagte sie deprimiert und niedergeschlagen. Am Nachmittag fuhren sie zum Westbahnhof, um

Abschied zu nehmen. Meine Mutter reiste danach zurück nach Salzburg, mein Vater wurde zwei Wochen später, am 24. April 1938, verhaftet und mit einem der ersten Transporte als politischer Häftling und Jude zuerst ins Konzentrationslager Dachau und dann nach Buchenwald gebracht. Er betonte später immer wieder, er hätte das KZ nicht überlebt, hätte er nicht gewusst, dass seine Freundin Anni – verheiratet waren sie noch nicht – auf ihn wartet. Komme, was wolle.

Für die Nazis war er zum Feind geworden, weil er Jude und obendrein Sozialdemokrat war. Aber dass das eine – jüdisch zu sein – mit dem anderen – nämlich Sozialdemokrat zu sein – in seiner Biographie eng miteinander verwoben war, wusste er nur zu genau. Mein Vater war eine Persönlichkeit aus einer anderen Zeit. Er stammte von jener Schicht jüdischer Einwanderer ab, die sich im Wien der Kaiserzeit sehr bald zu einem intellektuell interessierten Kleinbürgertum entwickelte. Hätten die Nationalsozialisten diese tausenden Menschen nicht ermordet, wie anders hätte sich Österreich dann entwickelt? Niemand kann diese Frage beantworten. Ich habe sie mir oft gestellt.

Wobei: Jüdisch-Sein bedeutete für die Familie meines Vaters nicht vorrangig, religiös zu leben, sondern vor allem, in ihrer neuen Heimat Wien sozial aufzusteigen und Akzeptanz zu finden. Deswegen assimilierte man sich schnell. In der ersten Zuwanderergeneration brachte es Josef Binder, mein Urgroßvater, zum Zuschneider der Offiziersschneiderei Tiller in der Mariahilfer Straße. Er war mit seiner Cousine Regina verheiratet. Verwandtenehen dieser Art waren damals noch üblich. Von ihren neun Kindern – sie hatten durch und durch gut österreichische Vornamen: Wilhelm, Fanny, Julius, Moritz, Isidor, Max, Gisela, Hans und Karl – waren zwei vermutlich aus diesem Grund „taubstumm", wie man damals sagte. Josef und Regina wohnten, wie die meisten jüdischen Zuwanderer dieser Epoche, in der damals als kleinbürgerlich, aber durchaus solide geltenden Leopoldstadt nahe dem Karmeliterplatz. Hier gingen die Kinder auch zur Schule, hier spielte sich das Leben ab.

Auf einer Fotografie aus dieser Zeit posieren meine Wiener Urgroßeltern nahezu herrschaftlich. Regina trägt ihre Haare zu einem Zopf geflochten hoch aufgesteckt und sitzt in einem eleganten, weit ausladenden Kleid auf einem Stuhl. Josefs rechte Hand ruht auf ihrer Schulter, sein Anzug sitzt tadellos und er hat einen prächtigen Bart, der an den Wangen richtig buschig wird. Auf diesem Bild erinnern sie mich ein wenig an die Leopoldstädter Ausgabe von Kaiserin Elisabeth und Kaiser Franz Joseph. Sie wollten auf diesem Foto wohl auch zeigen, wie weit sie es in der Kaiserstadt Wien schon gebracht hatten.

Die nächste Generation – die meines Großvaters Julius und seiner Brüder – brachte es noch ein Stückchen weiter. Wilhelm, Moritz und Hans wurden Angestellte, Bruder Max sogar Opernsänger. Mein Großvater Julius arbeitete als Handelsangestellter bei der Firma Wellisch & Frankl am Fleischmarkt und machte sich dann mit der Mitgift seiner Frau Hermine Weissenstein als Spiegelbeleger und Glasschleifer in Penzing selbständig. Dort wohnte das junge Ehepaar auch.

Für die beiden Töchter der Familie Binder gab es diese Aufstiegsszenarien nicht. Sie durften keine weitere Ausbildung machen, ein Studium war sowieso außer Reichweite. Ihre Aufgabe war es, die Mutter bei der Führung des Haushalts zu unterstützen und Kinder großzuziehen. Dieses

Denken hielt sich über viele Generationen hinweg und hatte sogar noch Einfluss auf meinen Vater und seine Vorstellung von meiner Erziehung.

Der erste Weltkrieg zerstörte jedoch das kleine Glück meiner Wiener Großeltern. Obwohl mein Großvater Julius schon 42 Jahre alt war, wurde er im Mai 1915 als Infanterist eingezogen und verstarb drei Monate später in einer Marschkompanie, die mit schwerem Gepäck zur russischen Front in Galizien eilte. 17 Stunden mussten sie mit 40 Kilogramm im Tornister bei großer Hitze marschieren. Julius Binder soll mit den Worten „Mir ist schlecht." tot zusammengesackt sein. Er wurde an Ort und Stelle begraben. Es war ein Waldrand und weil die jüdischen Infanteristen gegen die Aufstellung eines Kreuzes protestierten, blieb das Grab unbezeichnet und unauffindbar.

Mein Vater Otto und seine Schwester Heddy waren zu diesem Zeitpunkt fünf und sieben Jahre alt. Sie mussten ab jetzt ohne Vater durch die schwierige Kriegszeit und die anschließende Zwischenkriegszeit kommen. Ihrer Mutter Hermine gelang es, mit den 10.000 Kronen aus der Lebensversicherungssumme ihres verstorbenen Mannes eine bürgerlich eingerichtete Wohnung mitten im Wiener „Ärzteviertel" in der Alserstraße 28 im Neunten Bezirk zu kaufen. Sie lebte in Küche und Kabinett, vermietete die restlichen Zimmer und hielt auf diese Weise und mit Heimarbeit, vor allem Näherei, ihre beiden Kinder über Wasser. Wie sie auf dieses ungewöhnliche, aber nicht ungeschickte Lebenskonzept gekommen war, hat mein Vater Otto nie erfahren.

Auch die Familie meiner Wiener Großmutter Hermine, die Weissensteins, stammte aus Mähren, genau genommen aus Straschkau. Sie sprachen Deutsch und lebten auf dem

Land. Kurz nach Hermines Geburt 1880 übersiedelten ihr Vater Ignatz und seine Frau Therese mit ihren drei Töchtern und zwei Söhnen nach Wien, getrieben von ihrer unternehmungslustigen Mutter Therese, die in die Großstadt wollte. In Wien bauten sich die Neuankömmlinge tatsächlich recht zügig eine erfolgreiche Existenz als Cafetiers und Greißler am damaligen Erzherzog-Karl-Platz, dem heutigen Mexikoplatz, auf.

Ihre Kundschaft dürfte vor allem aus Arbeitern der großen Remisen, dazu aus slowakischen Schiffsarbeitern, Lastträgern, Bauarbeitern und Polieren der Spekulationsbauten dieses Stadtteils bestanden haben. Mein Vater wunderte sich oft darüber, wie sich die Familie seiner Mutter in diesem harten Milieu etablieren konnte. Schließlich war Wien damals für jüdische Neuankömmlinge kein einfaches Pflaster. Der volkstümliche, brutale Antisemitismus des Deutschnationalen Georg von Schönerer oder des Christlich Sozialen Stammtischpolitikers Hermann Bielohlawek war allgegenwärtig. Von Bielohlawek stammt bekanntlich der Ausspruch: „Wissenschaft ist des, was a Jud vom andern oschreibt. Wenn i a Büchl siech, hob i´s scho gfressn." Adolf Hitler, der sich in Wien vergeblich als Kunstmaler versuchte, lernte hier Phrasen, Vorurteile und Gemeinheiten kennen, die er dann als Führer der NSDAP perfektionierte und bis zum Massenmord brutalisierte.

Gewohnt und gelebt wurde in der Gegend rund um die Vorgarten- und Engerthstraße. Religiös waren die Weissensteins ebenso wenig wie die Binders, die zeitgleich einige hundert Meter Luftlinie entfernt am Karmeliterplatz wohnten. Nur in der Küche der Weissensteins hielten sich jüdischmährische Rezepte. Äußerliche Zeichen der Frömmigkeit, wie sie die Orthodoxie östlicher Art pflegt, z.B. das Tragen von Beikeles und langer, schwarzer Mäntel lehnte man in der Familie meines Vaters ab. Das Verhältnis zur orthodoxen Religion reichte, wie mein Vater in seinen Memoiren* schrieb, von „einer gewissen sentimentalen Anhänglichkeit über Distanziertheit bis zur radikalen Ablehnung".

Die Weissensteins waren mehr noch als die Binders „Aufsteiger" und der Wille, es dank Kultur, Bildung und Wissen einmal besser zu haben, prägte sich über meine Großmutter Hermine auch bei meinem Vater Otto ein. Ein Foto aus dem Jahr 1913 zeigt die Großfamilie Binder-Weissenstein als elegante Sommerfrische-Gesellschaft im Badener Kurpark. Mein Vater Otto, gerade einmal drei Jahre alt, trägt einen damals modischen Matrosenanzug und einen Strohhut, seine Mutter ein helles, elegantes Sommerkleid mit reichlich dekoriertem Hut.

Hätte ein Herzversagen Ignatz im Jahr 1912 nicht zu früh aus dem Leben gerissen, die Weissensteins hätten sich sicherlich noch besser etabliert. So aber musste meine Wiener Urgroßmutter das Geschäft am Erzherzog-Karl-Platz zugunsten eines Volkscafés in der Schlösselgasse aufgeben, das sie mit ihrer Tochter Sophie gemeinsam führte. Sehr bald lohnte sich der Verkauf von Tee, gesüßt mit Sacharin, in den inzwischen herrschenden Notzeiten nicht mehr. Therese veräußerte das Geschäft, aber die Kriegsanleihen, die sie für den Erlös kaufte, waren bald wertlos. Die Familie zerfiel. Der eine Sohn, Max, wanderte nach Argentinien aus, der andere, Oscar fand nach dem ersten Weltkrieg Arbeit als

---

* Otto Binder: Wien – retour. Bericht an die Nachkommen. Salzburg – Buchenwald – Stockholm. Dritte ergänzte Auflage, Wien 2010.

Straßenkehrer bei der Gemeinde Wien. Er starb noch vor 1938. Die jüngste Tochter, Frieda, war die Emanzipierteste von allen. Sie ging auf die Handelsschule, wurde Kontoristin, galt aber in der Familie trotzdem als die „unglückliche Tante", sie blieb ledig. Ihre Schwester Sophie ging eine arrangierte Ehe mit einem viel älteren Großcousin ein, der in Atzgersdorf eine Seifensiederei betrieb.

Hermine, meine Wiener Großmutter, und natürlich auch Heddy, die Schwester meines Vaters, hätte ich als Kind normalerweise noch erleben dürfen, doch die Nazis haben sie 1942 ermordet. Wie gerne hätte ich mit meiner Großmutter über ihre Zeit als junges Mädchen in Wien gesprochen; damals, als sie mit ihren beiden Schwestern sonntags auf Stehplatz in das Deutsche Volkstheater gingen, oder wenn sie Glück hatten und Karten für das so genannte „Juchee" ergatterten, auch ins Burgtheater oder zu einem Sonntagskonzert in den Volksgarten.

Ich hätte auch gerne gewusst, wie sie die schwierige Zeit nach dem Tod beider Großväter durchgestanden hatte, als sie mit ihren beiden Kindern Otto und Heddy in der Wohnung in der Alserstraße 28 wohnte. Schließlich kamen dann auch noch ihre Schwester Sophie und deren beiden Kinder dazu, nachdem Sophies Mann verstorben war. Schwester Frieda gehörte nach 1920, nachdem sie ihre Anstellung verloren hatte, auch zum Haushalt. Die drei Frauen hielten sich mit Heimarbeit über Wasser. Frieda erledigte Adressen-Schreibarbeit im Akkord, Hermine und Heddy strickten für die Firma Langbein & Co. in der Neubaugasse, Heddy war dort zeitweise sogar als Mustermacherin beschäftigt.

Was für fromme Juden die Religion gewesen sein mag, wurde für einige Vorfahren meines Vaters die stark freidenkerisch orientierte Sozialdemokratie. Zwei seiner Onkel wandten sich früh dieser Bewegung zu, Wilhelm und Hans. Beide waren stolze Mitglieder im Verband der Kleingewerbetreibenden der Josefstadt. Die Sozialdemokratie gab ihnen Bewusstsein, Halt und Ideale. Dem Judentum und der Sozialdemokratie gemeinsam war eine Werteskala, auf der Bildung und Kultur weit oben standen. Alkoholismus wurde verachtet, über den „Schickernik", den Trinker gelästert, genauso wie über das Übel der Spielsucht. Die unerreichbaren Spitzen der Gesellschaft bildeten die Aristokratie und das alteingesessene Großbürgertum; Österreich war eben noch eine Monarchie. Aber der Intellektuelle, der Professor, der Doktor, der Wissenschafter und der Künstler, all diese Karrieren – im Grunde vergleichbar mit dem Rang eines Rabbi – waren für Juden damals nicht unerreichbar. Die Moral in diesem Milieu blieb kleinbürgerlich, prüde und ganz und gar nicht emanzipiert. Daran änderte auch die Popularität der neuen Wissenschaftstheorie von Sigmund Freud, die am Tabu der Sexualität rührte, nichts. Es muss schon eine sehr spannende Gemengelage gewesen sein, die meine Vorfahren im Wien der Jahrhundertwende prägte.

Sophie übersiedelte mit ihrer kleinen Familie kurz vor der Machtergreifung der Nazis in Österreich 1938 nach Brünn. Ihre Lebensgeschichte und die ihrer Kinder endeten nach dem Zwischenstopp bei ihrer Schwester in der Alserstraße im Jänner 1942 im Konzentrationslager Litzmannstadt.

Für meine Großmutter Hermine, deren Schwester Frieda und meine Tante Heddy versuchte mein Vater aus dem schwedischen Exil verzweifelt Visa zu besorgen, um sie vor dem sicheren Tod zu bewahren. Heddy war nach Brandenburg auf Arbeitseinsatz geschickt worden, Anfang 1941 kam sie in eine Porzellanfabrik nach Thüringen. Mit einer Verwandten als Arbeitskraft im „Altreich" schienen Hermine und Frieda anfangs noch unter einem gewissen Schutz zu stehen, die Deportation mit unbekanntem Ziel, euphemistisch „Verschickung" genannt, schwebte dennoch täglich und stündlich wie ein Damoklesschwert über ihnen. Längst durften sie nicht mehr in ihrer Wohnung in der Alserstraße wohnen, sondern hausten zwei Winter in einem ehemaligen Trödlerlokal auf der Fischerstiege im Ersten Bezirk, zusammen mit vielen anderen Juden.

Als die Visa für ihre Ausreise endlich Anfang August 1942 auf dem schwedischen Konsulat in Wien ausgefertigt bereitstanden, war es zu spät. Schon seit Jahresanfang waren keine Pässe mehr an Juden ausgegeben worden. Meine Großtante Frieda wurde am 27. Mai 1942 und meine Großmutter Hermine am 2. Juni am Aspangbahnhof in Viehwaggons gesteckt und nach Maly-Trostinec (heute Weißrussland) gebracht, wo sie, wie wir heute wissen, sofort ermordet wurden. Meine Tante Heddy, die versucht hatte, aus Deutschland früher nach Hause zu kommen, um mit ihrer Mutter gemeinsam „verschickt" zu werden, folgte als letzte. Sie starb in Auschwitz. *Gemeinsam* in den Tod zu gehen war – so schrecklich das klingen mag – eine der letzten Hoffnungen meiner drei verbliebenen weiblichen Verwandten in Wien gewesen. Wenn schon sterben, dann nicht alleine. Aber es sollte anders kommen. Ihre Lebensgeschichten hier zu skizzieren heißt nicht nur, sie zu würdigen. Sich an sie zu erinnern bedeutet auch, ein Stück ihrer Existenz zu bewahren. „Über Freunde und Bekannte haben wir nichts zu berichten, weil keine mehr hier sind", dieser erschütternde Satz meiner Großmutter Hermine in einem Brief an meinen Vater Otto nach Stockholm datiert vom 17. März 1942 sagt dazu eigentlich alles aus.

Fast fünfzig Jahre später – mein Vater war inzwischen 81, meine Mutter 77 Jahre alt geworden – fuhren meine Kinder und ich mit meinen Eltern nach Schweden auf Urlaub. Damals entschloss sich mein Vater, seine Erinnerungen in einem Buch für seine Nachkommen niederzuschreiben. Über den Verlust seiner Familie und seine Erlebnisse in der Nazi-Zeit zu erzählen, fiel ihm zeitlebens schwer. Es aufzuschreiben war für ihn einfacher. Zu diesem Zeitpunkt blickte er auf ein überaus erfolgreiches Leben zurück. Er hatte es bis zum Generaldirektor der Wiener Städtischen Versicherung gebracht, war Präsident des Aufsichtsrates der Austrian Airlines gewesen und stolz darauf, bewiesen zu haben, dass auch „Linke" gut wirtschaften konnten. In die erste Reihe der Politik wie Bruno Kreisky, sein Weggefährte und Freund aus dem schwedischen Exil, wollte er nie. Aber er lebte mit einem starken historischen Bewusstsein. Beeinflusst von Otto Bauer und seinem lebenslangen Freund Benedikt Kautsky hatte er sich immer auch als Produkt eines spezifischen, inzwischen weitgehend vernichteten linken böhmisch-jüdischen Milieus verstanden und so war es für ihn nur logisch, seine Lebensgeschichte zu dokumentieren.

Der Salzburger Zweig meiner Familie, also die Vorfahren meiner Mutter, kamen von ganz, ganz unten. Sie trieb eine drückende Armut zur Arbeiterbewegung; diese Armut war so allumfassend, wie wir uns das heute gar nicht mehr vorstellen können. Wenn wir von Armut sprechen, denken wir oft in erster Linie an materielle Entsagungen, aber es war auch ein Kampf um ein Mindestmaß an Bildung und Menschenwürde. Und: Nicht nur ihre Familie war sehr arm, der ganze Ort war es. Meine Salzburger Großmutter, Franziska Pusterer, geborene Henzinger und von uns allen stets nur „Mammi" gerufen, war Gasthausköchin. Mein Salzburger Großvater, Josef Pusterer, Eisenbahner. Seine Vorfahren dürften kleine Handwerker im Raum Mittersill-Kitzbühel gewesen sein. Franziskas Familie stammt aus dem Raum Lambach in Oberösterreich. Meine Mutter wuchs in einer Familie mit fünf Kindern auf, sie hatte drei ältere Schwestern und einen jüngeren Bruder. Die älteste Schwester, Fanny, verlor ein Bein, als sie als Zweieinhalbjährige aus einem fahrenden Zug stürzte. So schlimm ihr Schicksal auch war, half ihr die Entschädigungszahlung der Bahn wenigstens, eine Handelsschule in Salzburg zu besuchen, was ihren Geschwistern nicht möglich war. Fini war die zweite und von Anfang an in der Arbeiterbewegung engagiert. Angela, die Drittgeborene, starb schon als Kind an einem Herzleiden. Meine Mutter Anni war die jüngste Tochter, der nach ihr geborene Bruder wurde nach dem Vater Josef getauft, von allen aber Sepp gerufen.

Auf einem Foto aus dem Jahr 1919 sehe ich meine Mutter als Sechsjährige mit ihren Geschwistern und meinem Großvater. Das Bild wurde nicht in einem Fotostudio aufgenommen wie das der väterlichen Urgroßeltern Binder 1870 in Wien oder in einem Kurort wie das der Familie meines Vaters in Baden 1913. Nein, mein Großvater Josef lehnt mit hochgekrempeltem Hemd, Wamst und simplem Hut vor einer einfachen Hauswand. Als einzige Requisite dient ein Leiterwagen, auf dem der Kleinste, Sepp, sitzt. Die vier Mädchen tragen einfache Kleider und, zur Ehre des Anlasses, weiße Schürzen.

Im Jahr 1918 – die Monarchie war gerade untergegangen und der Krieg verloren – schickte die neu gegründete Erste Republik meinen Großvater Josef mit nur 48 Jahren in Pension. Der Großvater meines Mannes, der als Eisenbahner am Bahnhof Wiener Neustadt arbeitete, erlitt übrigens – wie ich viel später erfuhr – das gleiche Schicksal. Dass sich Josef als Sozialdemokrat an einem Streik beteiligt hatte, kostete ihm als einem der ersten die Anstellung. Der junge Staat hatte kein Geld für die Abertausenden an Beamten, die in der Monarchie ihren Dienst versehen hatten und jetzt womöglich noch Unruhe stifteten.

Arbeit bei der Eisenbahn bedeutete damals auch den Anspruch auf eine kleine Wohnung in einem Personalhaus und das Recht auf eine Gratisfahrkarte bei der Bahn. Beides durfte Josef behalten. Glück hatte er außerdem, weil die „Gemeinde Wien – Städtische Versicherung", wie die Wiener Städtische damals hieß, gerade ihr Mitarbeiternetz ausbaute und gezielt nach Frühpensionisten aus den Reihen der Eisenbahner suchte. Die Städtische sah sich als Versicherung des kleinen Mannes, ihre Vertreter sollten aus dem gleichen Umfeld stammen. Konnten sie, wie Josef als Bahn-Pensionist, auch noch gratis Bahn fahren, war dies ein großer Vorteil.

Meine Großmutter Franziska trug von Anfang an wesentlich zum bescheidenen Lebensunterhalt der Familie bei, indem sie Ziegen und Hühner in einem Schrebergarten hielt. Sie hatte mit ihrer winzigen „Landwirtschaft" ihre Familie schon durch die Zeit des Ersten Weltkrieges gebracht.

Mammi war das Zentrum meine Salzburger Familie, sie hatte ein großes, soziales Herz. Ihren Schrebergarten bewirtschaftete sie auch noch während der Nazizeit und obwohl sie die Familie ihres Wiener Schwiegersohnes Otto Binder nie persönlich kennen gelernt hatte, schickte sie meiner Wiener Großmutter Hermine und meiner Wiener Tante Heddy von 1938 bis zu deren Deportation 1942 Gläser mit selbst Eingelegtem und Eingekochtem. Juden zu unterstützen war unter den Nazis verboten und Mammi gefährdete sich damit, aber für sie war das einfach Ehrensache. Sie war gleichermaßen Mittelsperson und Mittelpunkt der Familie. Sie sorgte und kümmerte sich nicht nur um die eigenen Leute, sondern half vielen.

Als meine Mutter 18 Jahre alt war, also 1931, trennte sich Großvater Josef von seiner Frau Franziska und von seiner Familie. Davor hatte er noch einen verhängnisvollen Fehler gemacht. Er hatte für einen ortsbekannten Trunkenbold, der gänzlich verschuldet war, eine Bürgschaft übernommen. Der Gläubiger ließ daraufhin seine Bezüge pfänden. Josef stellte sich dieser Situation nicht, sondern flüchtete in eine Beziehung mit einer verwitweten Kärntnerin. Er kam uns viel später, in den 1950er Jahren, manchmal in Wien in der Per-Albin-Hansson-Siedlung besuchen. Ich erinnere mich an einen hageren und sehr stillen Gast. Mein Vater fand seine Handschrift äußerst auffällig. Sie war kantig, nahezu skurril und entsprach seinem Auftreten, das langsam, eckig und unbeholfen wirkte.

Sowohl mein Vater wie meine Mutter wuchsen teilweise vaterlos auf. Beide hatten starke Mütter, die ihre Familie alleine durchbringen mussten. Mit der Trennung von Josef verloren Franziska und die Kinder den Anspruch auf die Eisenbahnerwohnung und sie musste sich eine neue Bleibe suchen. Es wurde eine kleine Wohnung in Salzburg Stadt in der Auerspergstraße 45 gefunden, in der meine Großmutter mit Tante Fanny bis zu ihrem Tod lebte. Ihr Haushaltsbudget war immer sehr bescheiden. In der Küche hatte sie beim Herd einen Hocker, so dass sie auch im Sitzen arbeiten konnte. Der Küchentisch war in Reichweite, sie musste sich nur umdrehen. Obst und Gemüse hat sie bis zuletzt eingekocht.

In Salzburg zu leben hatte für meine Salzburger Großmutter Franziska und ihre Kinder den Vorteil, dass sie ihrer beinamputierten Tochter Fanny, die die Handelsschule besuchte, wieder näher sein konnte. Mammi achtete auch darauf, dass jedes ihrer Kinder zumindest irgendeine Form von Ausbildung bekam.

Tante Fanny machte die Handelsschule fertig. Sie trug zeitlebens vom Knie abwärts eine Prothese und fuhr trotzdem mutig einen Lohner-Roller. Sie heiratete nie, begeisterte sich früh für die Anthroposophie und war Gründungsmitglied der Österreichischen Anthroposophischen Gesellschaft. Sepp konnte in Salzburg eine Gewerbeschule besuchen, wurde dann in die Wehrmacht eingezogen, lief vor Kriegsende zu den Alliierten über und überlebte. Meine Mutter Anni machte eine Schneiderlehre und besserte ihr mageres Lehrlingsgehalt als Küchenhilfe auf Schutzhütten am Steinernen Meer auf. Einmal war sie eingeschneit, konnte zu Wochenbeginn nicht rechtzeitig ihre Lehrstelle erreichen und wurde gekündigt, obwohl ihre Mutter sie bei der Lehrherrin entschuldigt hatte. Die Arbeitslosigkeit war damals hoch, eine Arbeitskraft wenig wert, sie ließ sich mit Leichtigkeit ersetzen.

Weil meine Mutter nicht arbeitslos sein wollte, begann sie am Salzburger Bahnhof mit einem Bauchladen Zigaretten und Kekse zu verkaufen, bis sie als Kellnerin im Salzburger Stieglbräu arbeiten konnte. Die schweren Bierkrüge, der geschotterte Boden, der es schwer machte die Balance zu halten, dazu ein herrischer Chef, der seinen Kellnerinnen auf die Fersen trat, damit sie schneller austrugen – meine Mutter lernte sehr früh, was es heißt, ohne Sicherheitsnetz mit der ständigen Angst im Nacken zu arbeiten, bei einem kleinen Fehler den Arbeitsplatz zu verlieren.

Was bringt Menschen dazu sich Ziele zu setzen, um ihre tristen Lebensumstände hinter sich zu lassen? Meine Mutter ist ein Beispiel dafür, wie ein starkes Erlebnis in der Jugend ein ganzes Leben prägen und verändern kann. In ihrem Fall geschah das im Juli 1927, da war sie noch nicht einmal 14 Jahre alt. Ein Generalstreik der österreichischen Eisenbahner hinderte eine Gruppe Berliner Jugendlicher, die sich im Pinzgau aufhielten, an der Heimreise. Die jungen Berliner und Berlinerinnen wurden bei gleichgesinnten Familien untergebracht, einer von ihnen landete bei den Pusterers. Als Dank luden sie bald darauf Anni nach Berlin ein. Meine Mutter hat mir immer wieder erzählt, wie sehr sie diese Monate in der Großstadt – Berlin war damals lebendiger, lebenslustiger und moderner als das Wien der Zwischenkriegszeit – reifen ließen und damit auch auf die Emigration vorbereiteten. Auf eigene Faust ihrem Freund nach Schweden nachzureisen, sich im Exil zu bewähren, das Familienleben im kriegszerstörten Wien erneut wieder aufzubauen – all das meisterte meine Mutter, nicht zuletzt deshalb, weil sie als junges Mädchen gelernt hat, sich zu vertrauen und hart zu arbeiten.

Während meine Mutter im Salzburger Stieglbräu literweise Bier und andere Getränke servierte, ohne Aussicht darauf, eine bessere Ausbildung machen zu können, lebte mein Vater in der von seiner Mutter – wie schon erwähnt –

gekauften Wohnung in der Alserstraße 28, auf der zweiten Stiege, Tür 24 unter extrem beengten Verhältnissen. Aber sein eigentliches Zuhause lag zu diesem Zeitpunkt schon ganz woanders: im Parteilokal der Sozialistischen Arbeiterjugend in der Salvatorgasse in der Inneren Stadt.

Die Binders wohnten in einem Kabinett plus Küche, und weil die anderen Zimmer der Wohnung vor allem an Flüchtlinge aus Ostgalizien vermietet waren und sich im zweiten Stock eine militärische Gerichtsbehörde eingemietet hatte, erlebte Otto den Ersten Weltkrieg schon als Volksschulkind auf seine Art mit. Einer der Flüchtlinge aus dem Osten der Monarchie hieß Eisig Rubel und lebte vom Handel mit Spirituosen. Karl Kraus verwendete seinen Namen für einen Prototyp des ostjüdischen Schiebers in seinem Roman „Die letzten Tage der Menschheit". Solidarität zwischen den ostjüdischen Kriegsflüchtlingen und der alleinerziehenden, jüdischen Mutter Binder gab es nicht. Jeder versuchte in den Wirren des Krieges sein Auskommen zu finden.

Mein Vater Otto erinnerte sich oft an eine Episode in seiner Kindheit, die dazu beitrug, wie er gerne ergänzte, sehr früh ein politisches Bewusstsein zu entwickeln. Dass das Ende der Monarchie nicht mehr fern sein konnte, ahnte mein Vater bereits als Achtjähriger, als einer der tschechischen Offiziere triumphierend durch den Innenhof rief: „Woprschalek, stell Dir vor der Kramář ist frei!" Karel Kramář war der Führer der extremen, tschechischen Nationaldemokraten, der gleich zu Kriegsbeginn wegen Hochverrats zuerst zum Tode, dann zu lebenslänglichem Kerker verurteilt wurde. Kaiser Karl I. ließ ihn 1918 frei, um die Tschechen zu beruhigen. Es war nur ein kleiner Puzzlestein des Anfangs vom Ende der Monarchie.

Nicht er beschäftigte sich mit Politik, sondern die Politik beschäftigte sich mit ihm. Das Fenster zur Welt war für meinen Vater, seine Schwester und die Großmutter in dieser Zeit vor allem das gerade erst zum Allgemeingut gewordene Radio, das zuerst in Form eines Detektor-Apparats und dann als Zwei-Röhren-Empfänger ins Kabinett der Binders in der Alserstraße einzog. Prägend war auch jener Volksschullehrer Hobinka, der mit Kriegsende in Ottos Leben trat und den Geist der neuen Republik und die Methoden des sozialdemokratischen Schulreformers Otto Glöckl im Gepäck hatte. Er brach mit dem autoritärem Drill und der Dressur, die bis dato das Schulwesen dominiert hatten. Hobinka besuchte sogar eines Tages unangemeldet meine Wiener Großmutter Hermine zu Hause und überredete sie, meinen talentierten Vater trotz materieller Not in die Mittelschule zu schicken. In der jüdisch-assimilierten Familie der Binders war es Tradition, dass die Söhne eine bessere Ausbildung erhalten sollten. Auch mein Großvater hatte sich immer gewünscht, dass sein Sohn Otto später einmal ein Jus-Studium in Angriff nimmt. Aber das Schicksal hatte in eine andere Richtung entschieden.

Dank Hobinka, später Wiener Landesschulinspektor, schickte meine Großmutter meinen Vater tatsächlich im Jahr 1920 ins Realgymnasium in die Albertgasse. Das Schulgeld wurde ihm aufgrund eines „Armutszeugnisses" erlassen, die Lehrmittel kaufte er sich in Antiquariaten. Mein Vater war politisch, aber nie Politiker; wäre er in die Politik gegangen, wäre eine Schulreform für ihn sicherlich ein besonders wichtiges Anliegen gewesen. Auch für mich wurde Bildung und die Frage, wie man auch benachteiligten Kindern und Jugendlichen den Zugang zu Wissen öffnen kann, eines meiner Lebensthemen.

Als mein Vater in die Mittelschule kam, erlebte er eine erste Welle des rabiaten Antisemitismus. Im Jahr 1923 kam es auf der Exelbergstraße bei Wien zum ersten größeren Zusammenstoß zwischen Nationalsozialisten und Polizei. Am nächsten Tag trugen einige Mitschüler die Spuren der Krawalle vom Vortag buchstäblich im Gesicht. Die Mittelschulzeit meines Vaters währte nur vier Jahre. Nach der vierten Klasse konnte sich die Großmutter seinen weiteren Besuch im Gymnasium und vor allem den Verdienstentgang nicht mehr leisten und mein Vater begann eine Lehre als kaufmännischer Lehrling bei der Textilfirma Lederer & Wolf im Textilviertel, am Rudolfsplatz 13 im Ersten Bezirk. Er bedauerte immer, die Mittelschule nicht abgeschlossen zu haben, und spielte sogar, als er 1949 aus dem schwedischen Exil zurück nach Wien kam, noch kurz mit dem Gedanken, seine Schulbildung fertigzumachen, um Rechtswissenschaft studieren zu können. Das Textilviertel, auch Kaiviertel genannt, lebte in den 1920er Jahren, als mein Vater dort arbeite, immer noch vom Wirtschaftsraum der Monarchie. Seine Firma Lederer & Wolf hatte sich auf Baumwollwaren spezialisiert. In Wien befanden sich das administrative Zentrum und die Warenlager, in Niederösterreich die Spinnereien, in Böhmen die Webereien und an verschiedenen anderen Standorten die „Ausrüstereien". Hemden wurden etwa in Nordböhmen gewebt, in der Brigittenau mit Knöpfen versehen und dann in deutschen Fabriken in Bielefeld fertig gestellt. Die Vertreter und Kunden kamen aus Städten wie Feldkirch, Tarnopol, Rzeczow, Jassy oder Skopje. Alt- und Neurumänien, Serbien, Galizien, der Banat und die Batschka waren ihre Absatzgebiete – Regionen, die nach dem Zweiten Weltkrieg und vor allem nach dem Bau des

Eisernen Vorhangs hier in Vergessenheit gerieten und erst jetzt, im zusammenwachsenden Europa, wieder in unserem Bewusstsein auftauchen.

Mein Vater arbeitete von acht Uhr morgens bis sechs Uhr abends, mit Mittagspause und am Samstag bis 13 Uhr. Tagsüber fühlte er sich unterbeschäftigt, erst am Abend spielte sich sein wirkliches Leben ab. Für ihn fand es nicht in Tanzlokalen statt, sondern z.B. in der Volkshochschule Ottakring, wo Max Adler einen mehrjährigen Kurs über den „utopischen Sozialismus" abhielt. Das „Rote Wien" erlebte damals seinen Höhepunkt und als Jugendlicher konnte man sich dem Sog der aufstrebenden, politischen Bewegungen, aber auch der Polarisierung zwischen den unterschiedlichen Strömungen kaum entziehen.

Mein Vater lebte, wie er es in seinen Memoiren formulierte, in einer Welt, die dominiert war „vom Zerfall eines Großreiches". In dieser Welt gab es zwei Visionen, die einem linken Jugendlichen Hoffnung und eine Perspektive boten: Die eine war – allerdings nur für eine kleine Minderheit – die junge Sowjetunion, das Experiment eines neuen Staates *vor* der stalinistischen Entartung und die andere, von der damaligen SDAP (Sozial-Demokratische Arbeiterpartei) getragen, das „Rote Wien". Wien war damals eine „Weltstadt, die keine mehr war", in der Kriegsinvalide bettelten und Kriegsveteranen, die verschüttet worden waren und unter Tremor litten, Arbeit suchten und nicht fanden. Hunderttausende waren arbeitslos, die Wohnungsnot massiv und das Elend erschütternd. Und unter solchen Bedingungen entwarfen und praktizierten die Sozialdemokraten eine Politik, die weltweit einzigartig war. Sie forderten die „Brechung des Bildungsmonopols", den Abbau der

Klassenschranken, eine internationale Friedenspolitik und die demokratische Durchdringung aller Lebensbereiche, also auch der Arbeitswelt; sie kämpften für die Rechte des Kindes, die Gleichberechtigung der Frau und für die Vision, dass Staat und Gemeinde die Verantwortung für die Wohlfahrt der Bürger übernehmen. Ist es da verwunderlich, dass viele aus der Generation meines Vaters und meiner Mutter eine fast „religiöse Anhänglichkeit" für die Sozialdemokratie entwickelten?

Im Februar 1926 trat Otto mit einer Gruppe von Freunden, die zu lebenslangen Weggefährten wurden, als 14-Jähriger den „Kinderfreunden" bzw. den „Roten Falken" bei. Die Freunde meines Vaters Lixl Weiss und Willi Ernst bauten die Roten Falken im Ersten Wiener Gemeindebezirk auf, ein anderer Weggefährte, Laci Deutsch, ging in die Zentrale des Republikanischen Schutzbundes. Weil sich mein Vater dann mit 16 für die Roten Falken schon „zu alt" fühlte, fand er in der Sozialistischen Arbeiterjugend (SAJ) des Ersten Bezirkes seine neue Heimat. Der wöchentliche Fixpunkt waren die Heimabende am Samstagabend im Gruppenlokal in der Salvatorgasse. Die SAJ Innere Stadt, deren Obmann mein Vater zwei Jahre später wurde, hatte an die 90 aktive Mitglieder und sehr bald den Ruf, die Intellektuellengruppe der Wiener SAJ zu sein.

Man zankte sich mit den Kommunisten, die den Sozialisten vorwarfen, knieweiche Reformisten zu sein und sich selbst als die einzig wahren Revolutionäre darstellten. Immer mehr Bedeutung gewannen auch die Zionisten, die mein Vater und seine Freunde anfangs als eine Art jüdische, wenn auch sozialistisch gesinnte, Sekte betrachtet hatten. Aber nach der Machtergreifung Hitlers 1933 war die Idee eines jüdischen Staates, der Sicherheit bot, plötzlich alles andere als uninteressant. Die stärksten Gegner aber waren die Heimwehren und die Nazis.

Kontakte gab es auch zu dem im gleichen Haus untergebrachten „Circolo Matteotti" einer Gruppe italienischer Genossen, zu denen auch Giuseppe Saragat, der spätere italienische Staatspräsident, gehörte. Diese Organisation, die den Namen des berühmten italienischen Sozialistenführers und Märtyrers Giacomo Matteotti trug, sollte für meinen Vater einige Zeit später lebensrettend werden.

Das intellektuelle und politische Leben in Wien muss damals enorm kontroversiell und aufreibend gewesen sein. Auch der Bürgerkrieg zeichnete sich schon ab. Die SAJ Innere Stadt militarisierte sich und wurde vom Republikanischen Schutzbund, der sich ebenso wie die Heimwehr, sein reaktionäres Gegenstück, zu einer paramilitärischen Organisation entwickelte, immer häufiger für Wachdienste angefordert. Der Weg in den politischen Untergrund rückte für meinen Vater allmählich näher.

Dass es zu einer ersten Begegnung zwischen meinen Eltern Anni und Otto in Salzburg kommen konnte, hängt eng mit der Wirtschaftskrise und dem immer stärker werdenden Antisemitismus zusammen. Mein Vater kündigte seine Stelle bei der Textilfirma Lederer & Wolf, die zwei Jahre später ohnehin zusammenbrach. Kurz darauf fand er Beschäftigung bei der österreichischen Niederlassung der deutschen Büromaschinenfabrik „Mercedes", die allerdings zwei Jahre später ebenfalls geschlossen wurde. Dort im Büro spürte mein Vater – wie er uns erzählte – erstmals in aller Deutlichkeit, was es heißt, jüdisch zu sein. Der Antisemitismus hatte in diesen Jahren schon eine deutlich braune Färbung.

Sein Glück war, dass die Wiener Städtische Versicherung, die damals noch „Gemeinde Wien – Städtische Versicherungsanstalt" hieß, einmal mehr tüchtige Vertreter – auch in den Bundesländern – suchte. Ende Jänner 1931 hatte mein Vater dann das Glück, eine neue Arbeit als Versicherungsvertreter in Salzburg zu erhalten. Kurze Zeit später wurde er auch Obmann der SAJ-Gruppe Salzburg Stadt. Die Vorurteile, die meinem Vater außerhalb seines Freundeskreises als Juden entgegenschlugen, waren in Salzburg noch stärker als in Wien. Zum Juden abgestempelt zu werden, obwohl man sich sein ganzes Leben nie als solcher definiert hatte, war für ihn nicht nur schmerzhaft, sondern auch vollkommen unverständlich.

Als sich Otto und Anni – viel später – am 10. April 1938 am Wiener Westbahnhof voneinander verabschiedeten, nachdem meine Mutter gegen ihre Überzeugung und aus Liebe zu meinem Vater mit „Ja" für den sogenannten „Anschluss" Österreichs ans Deutsche Reich gestimmt hatte, war mein Vater Otto schon im Untergrund bei den verbotenen Revolutionären Sozialisten aktiv und akut gefährdet. Beide waren sie schon im Gefängnis gesessen, als „Politische", wie es damals hieß, also als politische Häftlinge.

Die Wiener Städtische Versicherung hatte meinen Vater, nachdem er drei Jahre für sie in Salzburg gearbeitet hatte, wenige Wochen nach den Ereignissen vom 12. Februar 1934, im April 1934 fristlos entlassen. Ein Brief meiner Mutter Anni an eine Freundin war von der Polizei abgefangen worden; darin erwähnte sie den Namen meines Vaters im Zusammenhang mit einer Ortsgruppe der Sozialdemokratischen Arbeiterjugend. Das reichte der Polizei des Ständestaates, um meinem Vater Betätigung für eine illegale Bewegung anzulasten, da die Sozialdemokratie nach dem Bürgerkrieg im Februar 1934 verboten worden war. Mein Vater musste für drei Monate in Haft und auch meine Mutter wurde in die Polizeikaserne am Salzburger Rudolfskai gebracht und musste sechs Wochen im Frauentrakt absitzen. Verhaftet hatte sie ein Polizist in einer Schutzhütte am Grießenkar, wo sie als Küchenhilfe Arbeit gefunden hatte.

Obwohl meine Mutter als „Politische" galt, durfte sie tagsüber in der Anstaltsküche mithelfen. Damit bekam sie Zugang zum besseren Essen, das sonst nur die Wärter bekamen. Mein Vater – als „Politischer" und als „Jude" doppelt verdächtig – saß mit gut einem Dutzend Nazis, deren Partei ebenfalls verboten worden war, in einer Gemeinschaftszelle. Ein diensthabender Polizist erließ ihm häufig – aus welchen Gründen auch immer – das obligate Aufwaschen des Zellenbodens und des Korridors, damit er sich mit seiner Freundin Anni treffen konnte und damit auch etwas vom Wärter-Essen abbekam. So kreuz und quer verliefen die Fronten zwischen Kameradschaft und Hass in dieser grausam verrückten Zeit.

Über sein Jahr im Konzentrationslager Dachau und Buchenwald hat mein Vater uns Kindern kaum etwas erzählt. Manches hörten wir, wenn Freunde und Emigranten zu Besuch waren. Mit ungefähr 12 Jahren fand ich einen Karton mit Briefen meiner Großmutter und meiner Tante an meine Eltern nach Stockholm. Diese Briefe haben mir eine neue Welt eröffnet, mich elektrisiert.

Tief bewegt und elektrisiert hat mich auch ein Besuch, den ich im September 2015 im ehemaligen Konzentrationslager Buchenwald an der Seite meines Mannes absolvierte. Wir nahmen ein Zusammentreffen einer Reihe europäischer

Staatspräsidenten in Erfurt auf Einladung des deutschen Bundespräsidenten Gauck zum Anlass, um am Rande des offiziellen Programms auch das Konzentrationslager Buchenwald zu besuchen, wo mein Vater vom 23. September 1938 bis zum 6. Mai 1939 inhaftiert war und täglich um sein Überleben kämpfte.

Am riesigen Appellplatz zu stehen – genau dort –, wo er in ständiger Lebensgefahr, ohne Menschenwürde und in völliger Ungewissheit über sein Schicksal gestanden ist, oder das Krematorium zu besichtigen, oder die als Ärztezimmer getarnte Kammer, wo beim vorgeschützten Abmessen der Körpergröße Häftlinge durch eine versteckte Einrichtung von hinten per Genickschuss getötet wurden, macht einen sprachlos und fassungslos. Der bürokratischen Gründlichkeit im NS-System habe ich es allerdings zu verdanken, dass mir aus den heute wieder zugänglichen Unterlagen des KZs Buchenwald die Kopie einer Karteikarte meines Vaters übergeben wurde, aus der das genaue Datum seiner Entlassung aus dem Konzentrationslager ersichtlich ist. In der Aufregung der damaligen Zeit hatte er nämlich das exakte Datum vergessen und es bis zu seinem Lebensende nie erfahren oder rekonstruieren können. Er hat allerdings das KZ Buchenwald auch nie mehr besucht und nie mehr besuchen wollen. Ganz allgemein kann ich sagen, dass mein Vater über die Zeit der Emmigration viel, viel mehr erzählt hat als über seine Zeit im KZ.

1991 sind meine Eltern mit meinen Kindern und mir nach Schweden gefahren, um uns die Plätze ihrer Emigration zu zeigen, von denen so oft in der Familie die Rede war. Dort habe ich meinen Vater zum ersten Mal weinen gesehen. Die Erinnerung an seine Hilflosigkeit und das Unverständnis der

Beamten für die Dringlichkeit, seine Familienangehörigen aus dem Deutschen Reich zu bringen, überwältigten ihn und so hat er begonnen, seine Erinnerungen niederzuschreiben.

Dass die Pogrome gegen Juden nach der „Abstimmung" über den Anschluss Österreichs zu eskalieren begannen, war in den Tagen nach dem 10. April 1938 schon unübersehbar. Mein Vater wurde einige Tage später auf der Alserstraße vor einem Geschäft von zwei Kerlen mit Karabinern und Hakenkreuzarmbinden aufgehalten, die ihm im militärischen Ton befahlen, sich mit Kübel und Ausreibtüchern vor einem bestimmten Lokal in der Skodagasse einzufinden. Er hätte wohl den Boden waschen sollen, wie es bei den berüchtigten „Reibpartien" in Wien damals gang und gäbe war. Anderen Juden drückte man dafür zum Hohn Zahnbürsten in die Hand. Mein Vater ignorierte diese Aufforderung, aber er wusste, dass er ab nun in dieser Gegend gefährdet war. Seine Wege zur Stempelstelle für Angestellte am Esteplatz im Dritten Bezirk, wo er sich sein Arbeitslosengeld holte, wurden in den kommenden Wochen zum wahren Spießrutenlauf, also stellte er sich beim amerikanischen Konsulat um ein Einreisevisum an.

Der Mann, der ihn dann am 24. April 1938 an der Wohnungstür in der Alserstraße abholte, war kein SA-Mann, sondern ein österreichischer Kriminalbeamter in Zivil. Er brachte meinen Vater zuerst in das Polizeikommissariat Boltzmanngasse und dann für einige Tage in die Karajangasse. Cirka 5.000 Juden verhafteten die Nationalsozialisten in diesen Tagen, die politisch Verdächtigen waren die ersten. Man wollte die Widerstandsbewegungen von vorneherein einschüchtern und zerschlagen. Am Westbahnhof wurden die Häftlinge mit Kolbenschlägen in alte Nahverkehrswaggons getrieben. Während der 12-stündigen Fahrt durften sie nicht einnicken, andernfalls wurde ihnen mit dem Gewehrkolben ins Gesicht geschlagen. „Zeig Deine Zähne" war das erste, was meine Großmutter zu meinem Vater sagte, als er aus dem KZ zurückkam. In Wien hatte es sich bis zu ihr herumgesprochen, welche grausamen Methoden die SS anwandte.

Bis zur Wannsee-Konferenz war die Gestapo vor allem bestrebt, das Deutsche Reich „judenfrei" zu machen. Es schien ihnen zu genügen, die Juden zur Ausreise zu zwingen. Mein Vater hatte einmal mehr Glück: In Paris hatte die Sozialistische Internationale das so genanntes „Matteotti-Komitee" gegründet, um für ihre in den Konzentrationslagern und Gefängnissen inhaftierten Genossen Einreisebewilligungen für alle möglichen Länder aufzutreiben. Mein Vater bekam ein Einreisevisum für Schweden. Am 6. Mai 1939 wurde er mit der Auflage aus Buchenwald entlassen, „das Dritte Reich innerhalb von drei Wochen zu verlassen."

Er fuhr nach Wien zurück, um sich von seiner Mutter und seiner Tante zu verabschieden, seine Schwester Heddy war in Brandenburg auf Arbeitsdienst. Dass er seine Mutter das letzte Mal sehen würde, war ihm damals noch nicht bewusst. Das Bild, wie sie am Treppenabsatz der Wohnung in der Alserstraße steht und ihm nachschaut, blieb ihm aber ein Leben lang in Erinnerung. Mit ihm hinunter auf die Straße zu gehen, wäre schon zu gefährlich gewesen. Meine Mutter Anni konnte er nicht mehr treffen. Sie würden sich erst im Spätsommer des gleichen Jahres in Schweden wiedersehen, aber das war zu diesem Zeitpunkt noch nicht absehbar. Zwei Wochen später, am Stettiner Bahnhof in Berlin im Zug nach Malmö, hörte mein Vater die ersten schwedischen Worte seines Lebens.

Am 27. April 2004, zwei Tage, nachdem mein Mann, Heinz Fischer, zum Bundespräsidenten gewählt worden war, ging ich mit meinem damals schon 94-jährigen Vater zu den Gräbern unserer Wiener Familien am Wiener Zentralfriedhof. Er war unglaublich stolz auf mich und meinen Mann. Der Ausgang der Bundespräsidentenwahl war für ihn auch eine Bestätigung dafür, dass es richtig gewesen war, nach all dem, was seine Familie erlitten hatte, trotz des Antisemitismus, den er vor und auch nach dem Krieg immer wieder erfahren musste, aus dem schwedischen Exil nach Österreich zurückzukehren.

Die beiden Gräber meiner jüdischen Verwandten, der Binders und der Weissensteins, liegen nahe beisammen. Ich schaue mehrmals im Jahr nach ihnen. Es ist merkwürdig, was einem dabei alles durch den Kopf geht. Das Grab meiner Mutter und meines Vaters liegt nicht im jüdischen Teil des Friedhofes. Das wäre auch kaum möglich gewesen, schließlich war meine Mutter keine Jüdin und die Regeln der Wiener Kultusgemeinde sind in dieser Hinsicht streng. Aber selbst wenn es möglich gewesen wäre, hätten meine Eltern es nicht gewollt. Sie wollten gemeinsam in einem neuen Grab liegen. Es ist ein kleines Urnengrab, ebenfalls am Zentralfriedhof. Otto sagte immer, sie haben gemeinsam neu angefangen. Sie haben ihre eigene, neue Familie gegründet. Und ich bin deren erstes Kind. Anni und Otto hätten heute – zusätzlich zu ihren eigenen drei Kindern – zwei Schwiegersöhne, eine Schwiegertochter, sieben Enkelkinder und drei Urenkelinnen.

II
EXIL UND HEIMAT – Was ich suchte & fand

Ich wurde am 28. Juni 1943 im Stockholmer Söder-Sjukhus als ein „trovolingsbarn", das ist ein Kind verlobter, aber nicht verheirateter Eltern geboren, dem gleich der Name des Vaters gegeben wurde.

Meine Eltern heirateten im November 1944, als ich anderthalb Jahre alt war. Was bedeutet es, in einem anderen Land als in dem die Eltern geboren wurden, aufzuwachsen? Wo endet die Heimat, wo beginnt die Fremde? Und ist es wirklich wichtig? Ich habe die ersten sechs Jahre meines Lebens in Schweden verbracht. Meine Erinnerungen an diese Zeit sind warm, aber fragmentarisch. Vieles, was Schweden für mich heute bedeutet, habe ich über meine Eltern vermittelt bekommen, die zehn Jahre dort gelebt haben. Es war eine entscheidende Dekade für sie. Eine Phase, in der sie ihre Beziehung gefestigt, eine Familie gegründet und – mein Vater – zurück in seinen Beruf gefunden hat.

Am stärksten wirkt vielleicht die Sprache nach, die mich damals umgeben hat. Mit zwei Sprachen aufzuwachsen, kann ein großes Privileg sein. Es schärft den Sinn dafür, welche Worte und Formulierungen eine Gesellschaft für das, was sie sieht und bewegt, findet. Man wird sensibilisiert für die feinen Nuancen, die Unterschiede, die es gibt. Ich kenne viele Emigranten, die erst als Kleinkinder oder Teenager in ihre neue Heimat gekommen sind, und sprachlich und gedanklich zwischen beiden Welten hängengeblieben sind, so, als wären sie im Grunde heimatlos. Ich bewundere aber auch Menschen wie den leider schon im April 2015 verstorbenen Wiener Schriftsteller Frederic Morton, der als

Teenager über London nach New York flüchten konnte und seine Karriere im Englischen gemacht hat. Für ihn wurde die englische Sprache, die er sich bis zur Perfektion angeeignet hat, zur eigentlichen Heimat.

Wenn man mich nach meiner Heimat fragt, dann ist es nicht nur eine, die man verorten kann, also Österreich, sondern eine, die aus Wertvorstellungen besteht und ein Wertefundament geliefert hat. Was wir als junge Familie in Schweden erlebten und lernten, macht sehr viel davon aus. Noch heute habe ich zu Schweden eine ganz besondere Bindung.

Meine Mutter war zum Zeitpunkt meiner Geburt 29 Jahre alt und damit schon nicht mehr jung für das erste Kind in ihrer Müttergeneration, mein Vater war 32. Sie hatten mit der Familiengründung gewartet – wie so viele jüngere Emigrantinnen und Emigranten –, bis der Zweite Weltkrieg im Russlandfeldzug seine entscheidende Wendung nahm. Im Juni 1941 griff das „Groß Deutsche Reich" die Sowjetunion an. Man musste schon ein sehr überzeugter Nationalsozialist sein, um den Größenwahn von Hitlers „Unternehmen Barbarossa" nicht zumindest zu hinterfragen. Im Deutschen Reich selber wirkte Hermann Goebbels Propaganda wahrscheinlich noch, aber aus Sicht der Exilanten in Schweden konnte einem die Schlacht um Moskau Ende 1941 und die Schlacht um Stalingrad zu Jahreswechsel 1942/43 schon die Hoffnung machen, dass sich Hitler mit seinen Eroberungsplänen endgültig übernommen hatte. Zu diesem Zeitpunkt war auch die Gefahr einer deutschen Invasion in Schweden weitgehend gebannt.

Heute verschieben manche Paare ihren Kinderwunsch wegen Karriereaussichten, Reiseträumen oder

Bildungsplänen weiter nach hinten. Meine Eltern sahen sich veranlasst zu warten, bis Friede für sie greifbar war. Wie haben sich die Zeiten doch verbessert. Kurz vor und nach mir wurden eine Reihe von Emigrantenkindern darunter auch Peter, der Sohn von Vera und Bruno Kreisky, geboren. Die Familien waren alle eng befreundet und der Alltag funktionierte fast wie in einer großen Sippe.

Meine Geburt in ihrem vierten Jahr in Schweden bedeutete für meine Eltern eben auch, nicht mehr nur zwei Einzelemigranten, sondern eine Familie geworden zu sein. Eine kleine zwar, aber immerhin. Sie hatten ihre ersten, richtigen Wurzeln geschlagen.

Sie hatten eine billige, für schwedische Verhältnisse „halbmoderne" Einzimmerwohnung in Stockholm auf Söder gefunden, auf der belebten Geschäftsstraße Folkungagatan, Ecke Renstjärnasgatan. Meine Eltern achteten von Anfang an darauf, mit mir nicht in ihrem Schwedisch mit deutschem Akzent zu sprechen, sondern nur auf Deutsch. Ich sollte zweisprachig aufwachsen und Schwedisch nur von Schweden lernen, damit ich es auch perfekt ohne Akzent ausspreche. Dies geschah am Spielplatz mit den anderen Kindern und ab fünf Jahren im Kindergarten, wobei die Schulpflicht in Schweden erst mit sieben Jahren beginnt. Der Kindergarten war im fortschrittsorientierten Schweden schon damals in den 1940er Jahren verpflichtend. In Österreich hatte sich das verpflichtende Kindergartenjahr erst ein halbes Jahrhundert später durchgesetzt. Als ich mit Sechseinhalb nach Wien kam, sprach ich fließend Schwedisch. Später, 1967, als ich als junge Frau in Schweden arbeitete, kam ich mit einem unbekannten Schweden ins Gespräch. Er stutzte ein wenig und fragte mich dann, ob ich vielleicht aus Nordschweden komme. „Aus Südschweden sind Sie wohl nicht," fügte er hinzu. Ich war voller Stolz, dass mich ein Einheimischer für eine Schwedin hielt. Kurzum: Meine Eltern hatten alles dafür getan, damit ich unbelastet von dem, was hinter ihnen lag, aufwachsen konnte, als echte junge Schwedin. Sie nannten mich Margit, nicht nur, weil es damals ein beliebter Name in Schweden war, sondern auch, weil er in ganz Europa gängig war. Margit ist die ungarische Form von Margarethe und eine Schwedin namens Margareta hatte im Leben meiner Mutter vor meiner Geburt eine wichtige Rolle gespielt.

Auf dem ersten Familienfoto überstrahlt das breite, herzliche Lächeln meiner Mutter alles andere – wobei ihre blitzblauen, heiteren Augen mit ihrem Mund um die Wette lachen. Sie hält mich gemeinsam mit meinem Vater in den Armen. Mein Vater, hager und groß, mit beginnenden Geheimratsecken und kleiner, runder Intellektuellenbrille, lächelt mich an. Er wirkt älter, als er damals war. Das Jahr im Konzentrationslager hatte Spuren hinterlassen. Meine Mutter trägt ihr dunkles kurzes Haar nach hinten frisiert und schaut voller Zuversicht in die Kamera.

Der Weg bis zu diesem Moment war alles andere als einfach. Mein Vater landete im Juli 1939 in Stockholm – zu „midsommar", zur schwedischen Sonnwende. Es ist die Zeit, wo die Sonne im Norden des Landes nicht mehr untergeht und die Landschaft in der Nacht in ein fast unwirkliches, wunderbares Pastell-Licht taucht.

Der Unterschied zum Jahr davor, das er im Konzentrationslager Dachau und, ab September 1938, dann in Buchenwald verbringen musste, hätte nicht größer sein können. Jetzt war er nicht mehr der Paria mit geschorenem Kopf und dem gegerbten Gesicht des KZ-Häftlings, sondern ein anerkannter Flüchtling in einem demokratischen Land. In Wien hatten ihm die schwarzen Uniformen der SS Schrecken eingejagt; in Stockholm trugen die großgewachsenen Polizisten zwar eine ähnliche Montur, aber man musste um sie keinen Bogen mehr machen; nein, jeder konnte sie ohne Gefahr nach dem Weg fragen. Man war wieder ein Mensch auf Augenhöhe mit allen anderen, nicht eine Existenz zweiter Klasse oder ein „Nichts". Das Wort „Menschenwürde" hatte wieder einen Sinn bekommen.

Die zwei Wochen vor seiner Abreise hatte mein Vater in Wien in ständiger Gefahr verbracht, immer mit der Angst im Nacken, zurück ins Konzentrationslager geschickt zu werden, sollte er in irgendeiner Form auffällig werden. Über der Stadt lag eine dicke schwere Decke aus Angst und Beklommenheit. Wenn sich jüdische Freunde untereinander unterhielten, taten sie es konspirativ, wenn sich jüdische mit nicht-jüdischen trafen, schwang oft die Sorge mit, denunziert zu werden. Wien war in seiner Erinnerung grau und trübselig, verarmt vom Ersten Weltkrieg und politisch zerklüftet. Stockholm hingegen war sauber, hell und vergleichsweise reich. Es war eine Stadt ohne Not und Hast, selbstsicher und von den Geschehnissen des Kontinents noch seltsam unberührt. Nur die politischen Eliten beobachteten, was sich zusammenbraute. Den Alltag der Menschen tangierte es noch nicht.

Mein Vater war einer von etwa 5000 bis 6000 Flüchtlingen, die ab 1938 aus Österreich beziehungsweise ab 1939 aus der „Ostmark", wie Österreich nach seiner Eingliederung ins Deutsche Reich hieß, nach Schweden kommen konnten. Insgesamt 135.000 Österreicherinnen und Österreicher, mehrheitlich Juden, schafften es Österreich rechtzeitig zu verlassen und verstreuten sich in alle Welt. Die meisten reisen über England weiter in die USA. Auch mein Vater hatte sich, bevor ihn das Schicksal mit Hilfe des „Matteotti-Komittees" nach Schweden verschlug, um ein Visum für die USA beworben. Wenige Tage, bevor er Ende April 1938 verhaftet und ins Konzentrationslager deportiert wurde, hatte er sich beim amerikanischen Konsulat in der Reisnerstraße im Dritten Wiener Bezirk angestellt, um sich für die Einwanderung registrieren zu lassen.

Tatsächlich in die USA auswandern wollte mein Vater zunächst gar nicht. Es hätte ihn zu weit weg von seiner Mutter und seiner Schwester gerissen, und auch „seine Anni" hätte ihm viel schwerer nachfolgen können. An einem der Tage suchte er Zuflucht in der Menschenschlange vor dem Konsulat, nachdem er bei jüdischen Freunden in deren nahegelegenen Wohnung aus dem Fenster beobachtet hatte, wie eine SA-Abordnung eine Gruppe von Juden in einem benachbarten Turnsaal misshandelte. Aus Angst, als nächstes dranzukommen, verließen sie alle fluchtartig diese Wohnung. In der Warteschlange fühlte sich mein Vater sicherer. Juden direkt vor dem US-Konsulat zu misshandeln, das trauten sich die Nazis im Jahr 1938 in Wien noch nicht.

Der Grund, warum relativ wenige Österreicherinnen und Österreicher nach Schweden emigrierten, lag nicht nur daran, dass Schweden abseits der großen Fluchtrouten im hohen Norden Europas lag. Das neutrale Schweden verhielt sich Flüchtlingen gegenüber nicht nur freundlich. Juden wurden in den 1930er Jahren zunächst nicht automatisch als Flüchtlinge anerkannt, manchen wurde kein Asyl gewährt.

Woran erkennt man an der Grenze einen Juden? Diese Frage stellten sich damals in Europa leider nicht nur die

Nazis, sondern auch die ans Deutsche Reich angrenzenden Staaten. Schweden und das beliebte Flüchtlingsland Schweiz drängten meines Wissens die Deutschen, ihre Pässe entsprechend zu markieren. Ab Oktober 1938 führten die deutschen Behörden den roten J-Stempel ein. „J" stand für Jude. Damit war jeder Jude, der flüchten wollte, gekennzeichnet.

Schon im Mai 1938, als die ersten Flüchtlingsströme Skandinavien erreichten, führte Schweden die Visum-Pflicht ein. Menschen, die angaben, weiterreisen zu wollen, wurden bevorzugt. Wer bleiben wollte, musste eine finanzielle Absicherung garantieren oder nachweisen können, dass Verwandte, die bereits in Schweden lebten, für ihn bürgten.

Schweden wollte neutral bleiben wie im Ersten Weltkrieg. Es pflegte enge wirtschaftliche Beziehungen zu Deutschland. Von 1939 bis 1943 exportierte Schweden an die 10 Millionen Tonnen kriegswichtiges Eisenerz von den Häfen in Luleå und Oxelösund sowie Narvik im nördlichen Norwegen nach Deutschland. Paradoxerweise musste mein Vater seinen Lebensunterhalt in Schweden zunächst als Eisen- und Metalldreher verdienen. Man könnte sogar sagen, er war als Flüchtling in Schwedens blühender Kriegswirtschaft tätig und ersetzte einen zum Militärdienst eingezogenen Schweden.

Aber auf Dauer konnte Schweden nicht in der Mitte zwischen dem Deutschen Reich und den Alliierten stehen. Spätestens ab dem Zeitpunkt, als Hitler die „Endlösung der Judenfrage" beschloss und die Vernichtungsmaschinerie mit dem Massenmord in Mitteleuropa in Gang setzte, ging es den Schweden zu weit. Mit Mitte 1941, als mein Vater und meine Mutter im zweiten Jahr in Schweden waren, änderte sich die Politik Schwedens gegenüber dem Dritten Reich. Anlass war der Angriff Deutschlands auf die Sowjetunion, der nicht nur in Exilantenkreisen voller Hoffnung als Wendepunkt des Zweiten Weltkrieges gesehen wurde, sondern auch in der schwedischen Bevölkerung Entsetzen hervorrief. Trotzdem wurden deutsche Truppen noch bis zum Sommer 1942 mit schwedischen Zügen von Norwegen über schwedisches Territorium nach Finnland verlegt, auch Überflüge wurden noch gestattet. Die Regierung war erkennbar gespalten, ob diese Kooperation nicht zu weit ging oder im Interesse der Sicherheit Schwedens notwendig war – eine Phase des Jahres 1941, die schwedische Historiker heute als „midsommarkrisen" bezeichnen. Als im Herbst 1942 auch die Deportationen norwegischer und dänischer Juden begannen, drehte sich die Meinung endgültig. Die schwedische Öffentlichkeit war schockiert und die pro-alliierten Stimmen in der Regierung setzten sich durch. Von da an setzte sich Schweden aktiv für die Rettung möglichst vieler Juden ein.

Nachdem das Deutsche Reich Dänemark und Norwegen besetzt hatte, nahm Schweden aus beiden Ländern jüdische Flüchtlinge großzügig auf. Mit Hilfe der einheimischen Bevölkerung schafften es im Oktober 1943 7000 dänische Juden über die Meerenge Öresund von Kopenhagen nach Malmö, nachdem die Deutschen in Dänemark den Ausnahmezustand verhängt hatten. Mit dem schwedischen Diplomaten Raoul Wallenberg haben die Schweden einen echten Nationalhelden, der als „Gerechter unter den Völkern" in Yad Vashem geehrt wird. Der Sohn einer berühmten schwedischen Industriellendynastie wurde in Geheimmission nach Budapest entsandt, um dort mit schwedischen Schutzpässen Juden vor der Deportation zu retten. Ihm gelang es mit viel List, Mut und Bestechung, mehrere Tausend von ihnen aus

Ungarn herauszuholen, bevor er gegen Kriegsende von der Roten Armee als Spion verhaftet und in einem Gefängnis umgebracht wurde.

Nicht nur für Jüdinnen und Juden, auch für Deserteure der Wehrmacht wurde Schweden mit fortschreitendem Kriegsverlauf ein Schutzland. Sie setzen sich von Finnland und Norwegen ab. Bruno Kreisky, der, anders als mein Vater, in Schweden sehr stark politisch aktiv war, setzte sich für die desertierten Soldaten bei der schwedischen Regierung massiv ein. Er bewirkte, dass sie nicht mehr an die Grenze zurückgebracht und an die Wehrmacht ausgeliefert, sondern als „Militärflüchtlinge" anerkannt wurden.

Kurz vor Kriegsende verhandelte Graf Folke Bernadotte, ein Neffe des schwedischen Königs Gustav V., mit Heinrich Himmler, dass 20.000 KZ-Häftlinge nach Schweden gebracht werden durften. Die sogenannte „Bernadotte-Aktion" wurde vom schwedischen Roten Kreuz durchgeführt. Die Busse, in denen die Häftlinge nach Schweden gebrachte wurden, waren weiß gestrichen, damit die Alliierten sie bei ihren Bombardements erkennen und verschonen konnten. Die schwedische Hilfsorganisation „Rädda Barnen" („Rettet die Kinder") schickte gleich nach Ende des Krieges täglich 70.000 Essensrationen nach Österreich. Ein Wiener Park in Wien-Alsergrund heißt heute nach einem Mitarbeiter von Rädda Barnen, Arne Karlsson, der am 11. Juni 1947 „versehentlich" von einem sowjetischen Militärposten in der Gemeinde Berg in Niederösterreich erschossen worden war.

Schweden hat anfangs geschwankt und zunächst versucht, sich mit dem Deutschen Reich zu arrangieren. Aber im Verlauf des Zweiten Weltkrieges hat es letztlich die richtigen Entscheidungen getroffen und sich sehr human verhalten.

Als Kleinkind bekam ich von all dem noch nichts mit, aber spätestens, als ich in Österreich in die Mittelschule kam, merkte ich, wie anders die Gesellschaft in Schweden mit dem Thema Nationalsozialismus umging als in Österreich. Später, als mein Mann Heinz bereits im Parlament arbeitete und die Bewältigung unserer Vergangenheit zu heftigen Auseinandersetzungen führte, wunderte ich mich immer wieder, warum so viel um den heißen Brei herumgeredet wurde und warum sich Menschen mit einer Nazi-Vergangenheit, sofern sie nicht selbst Blut an den Händen hatten, so schwer taten, auszusprechen was gewesen ist und ihre Fehler und Irrtümer einzugestehen.

Als mein Vater zu Midsommar 1939 in Stockholm ankam, hatte ihm Bruno Kreisky, der ein Jahr zuvor geflüchtet war, bei einem gemeinsamen Freund Alfred Popelka und seiner Frau schon einen Schlafplatz in deren kleiner Essecke organisiert. Die „matvrå" war gerade einmal zwei mal zwei Meter groß, aber für meinen Vater muss es das Paradies gewesen sein. Popelka war wie mein Vater ehemaliger Angestellter der Wiener Städtischen Versicherung und wohnte auf der Insel Lilla Essingen im Stockholmer Bezirk Kungsholmen. Gleich am Tag nach seiner Ankunft besuchte mein Vater das Flüchtlingskomitee der schwedischen Gewerkschaften, das von einem österreichischen Bekannten namens Karl Heinz und einem Schweden namens Axel Granath geleitet wurde.

Das Komitee stellte Flüchtlingen eine Unterstützung in der Höhe der schwedischen Arbeitslosenunterstützung zur

Verfügung. Für schwedische Verhältnisse war das wenig, für österreichische enorm viel. Meine Eltern haben mir oft erzählt, dass sie ihren neuen Haushalt in Schweden mit selbst zusammengebauten Zuckerkisten aufgebaut haben. Sie hatten anfangs keine Möbel, kein Geschirr, einfach nichts und waren auf Spenden wohlmeinender schwedischer Freundinnen und Freunde angewiesen.

Eine von ihnen hieß Gerda Gustafsson, war Mittelschullehrerin im Stockholmer Vorort Djursholm. Sie schenkte meinen Eltern Kochtöpfe, Geschirr, aber auch einen Schreibtisch und einen Schaukelstuhl. Sie bot ihnen, wenn sie Schulferien hatte und ihre Schwester in Südschweden besuchte, auch immer wieder ihre kleine Dachwohnung auf Djursholm an. Die Wohnung war winzig, aber perfekt eingerichtet. Jeder Winkel und jede Dachschräge, von der es viele gab, wurde genutzt. Es gab eine Miniküche in einem Kasten. Sie hatte zwei Herdplatten, ein kleines Waschbecken – und alle Töpfe, Teller und das Besteck –, alles hatte Platz. Der Blick von der Wohnung ging direkt ins Grüne in ein Villenviertel.

Mit Gerda verbinde ich nach wie vor ein schönes Bild, von meinen Eltern oft erzählt. Gleich nach meiner Geburt fuhren sie zu Gerda in die Wohnung. Die ganze Badewanne war voll mit Blumen – wie ein Willkommensgruß, von der gerade fünfzig Jahre alt gewordenen Gerda. Ich habe sie in ihrer Wohnung sehr oft besucht, auch später, als ich ein Teenager war und ab meinem 14. Lebensjahr jeden zweiten Sommer in Stockholm verbrachte. Sie sollte zu einer Art Ersatzgroßmutter für mich werden und hat sich fest und gut in mein Gedächtnis eingeprägt. Meine Wiener Großmutter lernte ich ja, weil sie von den Nazis ermordet worden war, leider nie kennen. Und meine Salzburger Großmutter traf ich erst, als ich nach Österreich zurückkam.

Im Herbst 1939 bekam mein Vater die Möglichkeit, sich als Metallarbeiter umschulen zu lassen. Das war zwar nicht sein Traumberuf, aber als Emigrant mit noch geringen Sprachkenntnissen war mein Vater bereit, jede vernünftige Arbeit anzunehmen. Die schwedische Regierung hatte ein eigenes Programm für die ausländischen Flüchtlinge gestartet, das auf Söder, einem Stadtteil Stockholms, stattfand. Früher wurden dort Häftlinge umgeschult und weitergebildet, jetzt waren es Kriegsflüchtlinge.

Die Gruppe, die sich dort für die Umschulungskurse einfand, war bunt und international. Alle Schattierungen im linken Spektrum waren vertreten. Später war mein Vater, der es letztlich bis zum Generaldirektor der Wiener Städtischen Versicherung und zum Präsidenten der Austrian Airlines gebracht hat, sehr stolz auf seine Ausbildung als Metallarbeiter. Außerdem gab es in dieser bunten Gruppe viele politische Diskussionen. Das Jahr 1939 gab genügend Anlass dafür. Im August 1939 hatten Hitler und Stalin den deutsch-sowjetischen Nichtangriffspakt geschlossen, der unter anderem die Teilung Polens zum Inhalt hatte und Hitler grünes Licht für den Angriff auf Polen gab. Am 1. September überfiel Hitler Polen, der Zweite Weltkrieg begann. Im April des Jahres 1940 wurden Norwegen und Dänemark von den Deutschen besetzt.

Aber das Wichtigste für meinen Vater im Sommer 1939 war etwas anderes. Am 8. August 1939, knapp vor Ausbruch des Zweiten Weltkrieges, konnte er meine Mutter Anni am Stockholmer Zentralbahnhof endlich wieder in die Arme nehmen. Ein Jahr und vier Monate waren vergangen, seit sie sich das letzte Mal am Wiener Westbahnhof gesehen hatten. Es war eine Zeit, in der die Erinnerung an Trennung und Wiedersehen von Liebespaaren häufig mit einem Bahnhof verbunden war. Dazwischen gab es nur die Möglichkeit, sich Briefe zu schreiben. Die Vorstellung, mit Wertkartenhandys zu skypen, wie es heute oft Flüchtlinge weltweit machen, war damals noch nicht einmal Inhalt von Science Fiction. Meine Mutter Anni musste Wien nach der Volksabstimmung 1938, der bald die Einführung der „Nürnberger Gesetze" folgten, verlassen. Für ihren jüdischen Dienstgeber, die Lehrerfamilie mit dem weißen Windhund, durfte sie aufgrund der Nürnberger Rassengesetze als „Arierin" nun nicht mehr arbeiten. Sich mit den gemeinsamen – jüdischen – und sozialdemokratischen Wiener Freunden blicken zu lassen, war gefährlich geworden. Schweren Herzens fuhr sie zurück nach Salzburg, dort fand sie aber auch keinen Arbeitsplatz. In Salzburg hatte sie keine Aussicht, einen Reisepass zu bekommen – eine Voraussetzung, um meinem Vater nach Schweden zu folgen. Aber in ihrem drängenden Wunsch ihn wiederzusehen, nahm sie eine Arbeit im Hotel Predigtstuhl nahe Bad Reichenhall in Bayern an und wie durch ein Wunder bekam sie im „Altreich" einen damals wirklich schon selten gewordenen fünfjährigen Reisepass ausgestellt.

Wir haben oft gerätselt, wie es dazu kommen konnte. War es einfach der Charme und die Überzeugungskunst meiner Mutter, die den deutschen Beamten überzeugte? War er innerlich ein Gegner der Nazis? Oder waren die Beamten in Bayern einfach lockerer als die oft übereifrigen Nazis in Salzburg? Niemand weiß es. Jedenfalls konnte sich meine Mutter mit ihren neuen Dokumenten am schwedischen

Konsulat in Wien ein dreiwöchiges Besuchervisum organisieren und reiste los in den Norden.

Was danach geschah, ist wieder ein Beispiel dafür, dass meine Eltern nicht nur tüchtig, ausdauernd und vorsichtig waren, und vielleicht auch deswegen den Krieg überlebten, sondern in entscheidenden Momenten oft auch das Glück auf ihrer Seite hatten. Denn als meine Mutter in Stockholm ankam, galt es sofort das nächste Problem zu lösen. Sie durfte nicht länger als drei Wochen bleiben, für Ausnahmen hatten damals weder die schwedische Öffentlichkeit noch die Behörden Verständnis.

Einmal mehr kam meinem Vater sein „Netzwerk" zugute, so zumindest würde man es heute nennen. Axel Granath, der schwedische Leiter des Flüchtlingskomitees, das meinem Vater die erste Unterstützung zukommen hatte lassen, fand auch für meine Mutter einen Ausweg in Form einer Arbeit als Kindermädchen bei einem Diplomaten namens Nylander.

Lennart Nylander war Beamter im schwedischen Außenministerium und zuständig für politische Flüchtlingsfragen. Er und Axel Granath kannten sich gut. Mit seiner Frau Margareta hatte Nylander einen Sohn, Carl, und die Drillingstöchter Anne Marie, Mary Anne und Elisabeth. Die Anstellung als Kindermädchen für vier Kinder reichte zwar noch nicht aus, um das Besuchervisum zu verlängern. Aber mit der Zusicherung eines Arbeitsplatzes konnte meine Mutter übers Meer nach Kopenhagen fahren und dort ein Dauervisum bekommen, was auch geschah. Drei Tage später waren die Grenzen gesperrt, weil der Zweite Weltkrieg begonnen hatte. Was wäre gewesen, wenn? Wenn sie etwas später nach Schweden gereist wäre? Wenn Granath keine Arbeit für sie gefunden hätte? Oder die Arbeitssuche eine Woche länger gedauert hätte? Dass ich in Schweden geboren wurde, ist ein Produkt vieler Zufälle und einer großen Portion Glück.

Der fünfjährige Pass meiner Mutter war aber paradoxerweise zugleich ein Ehehindernis. Weil Schweden Mitglied der Haager Konvention war, die festlegte, dass die Gesetze im Heimatland auch im Konventionsland zu gelten haben, war es meiner Mutter, der Arierin, und Besitzerin eines deutschen Passes, und meinem Vater, dem Juden, damals in Schweden verboten zu heiraten. Die Nürnberger Rassengesetze galten für sie auch in Stockholm. Sie lebten also einfach in einer Lebensgemeinschaft, genannt „stockholmsäktenskap".

Das war auch der Grund, warum ich bei meiner Geburt automatisch Mitglied der Schwedischen Staatskirche wurde. Die Matrikelführung über Geburten und Sterbefälle oblag der schwedischen Staatskirche, also musste bei meiner Geburt ein Religionsbekenntnis angegeben werden. Meine Mutter war katholisch getauft, aber zu Beginn des Krieges aus verschiedenen Gründen aus der Kirche ausgetreten. Als Katholikin konnten und wollten sie mich also nicht eintragen lassen und als Jüdin auch nicht.

Religion war für mich, nach allem, was meine Familie erlebt hat, kein vertrautes Terrain und jedenfalls kein Fundament für mein ideelles Wertesystem. Was mich prägte, waren: die Überzeugungen der Sozialdemokratie, mit denen mein Vater und meine Mutter aufgewachsen sind und die feste Überzeugung von der Unteilbarkeit der Menschenwürde, dazu der strenge, nahezu rigide Humanismus, den mich meine Mutter gelehrt hat. In Schweden kam dann noch die Kultur der Klarheit und Direktheit dazu, die für österreichische Verhältnisse manchmal fast schroff wirken mochte. Gepaart mit dem Grundbewusstsein der Notwendigkeit von Demokratie, Pluralismus, sozialer Gerechtigkeit, Eigenverantwortung sowie der Gleichberechtigung von Männern und Frauen ergibt das eine sehr klare Werte-Heimat.

Meine Mutter musste – wie ich schon berichtet habe – ihre Schneiderinnenlehre abbrechen und arbeitete vor dem Krieg als Köchin und Kellnerin. Aber eine ihrer echten Berufungen war es, mit Menschen, vor allem mit Kindern zu arbeiten. Für mich war sie geradezu eine Künstlerin, wenn es um die Kleinen ging. Sie gab ihnen Ruhe und Zeit, bis die Kinder auf sie zugingen. Sie hat sie nicht überfallen oder versucht zu „bespielen", sondern hat sie auf eine sehr feine, auf Augenhöhe begegnende Art für sich gewonnen. Auch bei den Nylanders mit ihren vier Kindern im Vorschulalter hat sie sich sehr bewährt, obwohl sie zu Beginn kein Wort Schwedisch verstand. Carl war damals sieben, die Mädchen sechs Jahre alt, ein wilder Räuberhauptmann und drei ebenso wilde Squaws. An ihnen waren davor schon sieben (!) andere Hausangestellte gescheitert. Aber meine wunderbare Mutter setzte sich auch hier durch. Es war ihr Entrée in die Stockholmer Gesellschaft, und es war ein sehr gutes.

Margareta Nylander war eine phantastische Dienstgeberin. Sie stellte meine Mutter zwar nur als Kindermädchen ein, förderte sie aber mit allen ihr zur Verfügung stehenden Mitteln. Zuallererst nahm sie meine Mutter ernst, respektierte sie – ein Gefühl, das meine Mutter bei keiner ihrer früheren Anstellungen in Österreich je erleben durfte. In modernen Worten würde man Margareta Nylander wohl als Mentorin meiner Mutter bezeichnen. Für sie eröffnete sich im Hause Nylander eine neue Welt, eine, in die sie voller Freude und Interesse eintrat. Dann wurde Lennart Nylander an die schwedische Botschaft in Moskau berufen. Frau Nylander begleitete ihren Mann nach Moskau, die Kinder blieben in Schweden. Die Aufsicht wurde einer Tante übertragen, mit der meine Mutter nicht harmonierte, so verließ sie unter Tränen der vier Kinder ihren Arbeitsplatz. Das Erbe der Familie Nylander lebt in meiner Familie weiter. Mein Bruder heißt, wie ihr damaliger Dienstgeber, Lennart, ich eben Margit, die schwedische Kurzform von Margareta, und meine nach mir geborene Schwester Marianne.

Aber ich möchte nochmals auf die Zeit vor meiner Geburt zurückkommen: Nach Ausbruch des Zweiten Weltkrieges und der Besetzung Norwegens und Finnlands bereitete sich Schweden auf einen möglichen Überfall der Deutschen vor. Meine Mutter wurde mit den Kindern Nylander über den Winter aufs Land nach Mittelschweden evakuiert, nahe eines bekannten Grubengebiets namens Högforsbruk. Mein Vater bekam in einer nahegelegenen Fabrik, auf halbem Weg zwischen Koppaberg und Grängesborg, sprichwörtlich mitten im Wald, eine Arbeit als Metalldreher. An der Grenze von Västmanland und Dalarna, in Mittelschweden, lernten meine Eltern wieder ein ganz anderes Schweden kennen. Diese alte Industriegegend war ein echtes Retentionsgebiet. Auch politisch gesehen. Hier lebten einfache Arbeiter, dazu Freireligiöse und Syndikalisten. Die Freireligiösen waren Anhänger der Zeugen Jehovas oder der Heilsarmee. Die Syndikalisten waren meistens Kleinbauern, die auch im tiefsten Winter mit einem Stoßschlitten mehrere Stunden lang zur Arbeit fuhren. Sie waren Anhänger der Lehren von Michail Bakunin, dem russischen

Anarchisten, in ihrem Weltbild Anhänger einer internationalen Arbeiterbewegung, für die Marx und Engels schon Revisionisten waren. Mein Vater erlebte sie als gewissenhafte und solidarische Kumpel, die erstaunlich belesen und rhetorisch geschult waren. Aus Österreich kannte mein Vater nichts Vergleichbares.

Meine Eltern kannten sich zu diesem Zeitpunkt seit acht Jahren, aber viel an gemeinsamer entspannter Zeit, wie man sie jungen, frischverliebten Paaren wünscht, hatten sie nicht gehabt. Zwischen der ersten Verhaftung meines Vaters und meiner Mutter 1936 und ihrem vorläufigen Abschied am Westbahnhof im Jahr 1938 gab es nur zwei kurze Sommer, die meine Eltern für Radtouren durch Österreich und Italien genutzt hatten. Meine Mutter trug ihre Haare, ganz der damaligen frauenbewegten Mode entsprechend, kurz und liebte die fürs Wandern und für sportliche Aktivitäten so praktischen Shorts.

Kaum war mein Vater in Mittelschweden endlich bei ihr, musste meine Mutter mit ihren Schutzbefohlenen wieder zurück nach Stockholm. Im Sommer 1941 folgte ihr mein Vater wieder nach und arbeitete bis Kriegsende in einem kleinen Werk in Älvsjö im Süden Stockholms als Metallarbeiter. Das bedeutete für ihn sechzig Stunden pro Woche Akkordarbeit. Er stellte auf recht ausgeleierten Drehbänken Kupplungsteile aus Gusseisen und Lagerhülsen aus Lagerbronze her. Die Partie seiner Kollegen bestand einmal mehr aus deutschen und österreichischen Exilanten, die inzwischen einen ausgezeichneten Ruf als verlässliche Arbeiter hatten und die pünktlich frühmorgens um sechs Uhr zur Arbeit kamen.

Im urbanen Stockholm fühlten sich meine Eltern wohl. Hier hatten sie sich relativ schnell eingelebt. Alte

Weggefährten aus Österreich waren schon da, um sie herum existierte ein Freundes- und Bekanntenkreis aus engagierten Schwedinnen und Schweden wie den Nylanders, Nilssons, Nyströms, Blombergs, Apelquists oder Gerda Gustafsson. Sie waren gebildet, intellektuell und von großer Hilfsbereitschaft gegenüber den Exilanten. Man stand sich politisch nahe, man interessierte sich für die gleichen Themen. Vor allem Gerda Gustafsson prägte unsere Familie sehr. Sie war eine stille, leise, aber sehr progressive Intellektuelle. In humanen Fragen war sie radikal linksliberal, verstand sich aber nicht als Sozialistin. Sie war ein Frauentyp, den wir in Österreich – jedenfalls in dieser Zeit – kaum kannten.

In einer neuen Heimat, einer anderen Kultur, mit einer anderen Sprache, aber auch einem eigenen historischen und politischen Bewusstsein zu leben, kann unglaublich anregend und bereichernd sein, wenn man bereit ist, seine Augen und sein Herz zu öffnen. Meine Eltern waren es. Sie waren neugierig, wissbegierig und wollten ihre neue Heimat verstehen lernen. Sie saugten alles auf, was um sie herum geschah. Der bevorzugte Aufenthaltsort meines Vaters war die Stockholmer Bibliothek, wo Bücher, Zeitschriften und Tageszeitungen frei zugänglich waren. Damals konnten sie noch nicht ahnen, dass sie nach zehn Jahren in Schweden wieder nach Österreich zurückkehren würden. Kurz nach Ausbruch des Zweiten Weltkrieges dachten sie, dass ihre Zukunft hier, in Skandinavien, liegen würde.

Es gab für sie keinen Anlass, sich ausschließlich über ihre Herkunft, schon gar nicht über ihre Religion zu definieren. Ihre Einstellung gegenüber dem Gastland war eine außerordentlich positive. Das musste wohl auch so sein, wenn man aus politischen Gründen flüchtet und weiß, in seiner Heimat ist man nicht nur unerwünscht, sondern in Lebensgefahr. Dann arbeitet man, wie meine Mutter, auch als Abwäscherin in einer Großküche, wie sie es zwischen ihrer Arbeit bei den Nylanders und meiner Geburt gemacht hat. Dann interessiert man sich für die Politik im Gastland, aber stellt nicht den Anspruch, seine Identität und Gesinnung dem Gastland aufzudrängen oder sich anzubiedern. Das Land Schweden hat meine Eltern und mich geformt, vielleicht auch verändert. Mein Vater beschrieb es einmal so: Wir lernten eine andere Denkungsweise kennen. Rationaler, kühler, aber in menschlichen Dingen äußerst engagiert.

Schweden kam relativ gut durch die Kriegsjahre, obwohl es auf allen Seiten von kriegführenden Ländern umgeben war. Wirkliche Angst mussten meine Eltern nicht mehr ausstehen, Essensrationierungen, wie sie mein Vater als Kind gegen Ende des Ersten Weltkrieges noch erlebt hat, oder Restriktionen wie Ausgangssperren, gab es nicht oder nur in so geringem Ausmaß, dass sie bedeutungslos waren. Nur kurze Zeit, als eine deutsche Invasion in Schweden plötzlich nicht unrealistisch schien, herrschte so etwas wie Panik. Mein Vater besorgte für sich und meine Mutter eilig ein Affidavit, mit dem er im Falle des Falles in die USA hätte flüchten können. Die abenteuerliche Reiseroute hätte über das russische Wladiwostok und das philippinische Manila an die Westküste Amerikas geführt. Aber auch dieses Mal schlug mein Vater die Chance, in die USA zu emigrieren, aus. Die Sorge um seine in Österreich verbliebene Familie hielt ihn in Europa. Wie oft hatten sich meine Eltern, vor allem mein Vater, später in Österreich sagen lassen müssen, dass er es doch eigentlich ganz kommod gehabt habe – im schwedischen Exil. Keine

Bombenalarme, keine durchgehungerten und durchgefrorenen Kriegswinter. Wem hätte mein Vater schildern sollen, dass seine Zeit in Stockholm dennoch eine schwierige Zeit voller Sorge gewesen ist? Außerdem war es die einzige Alternative zu einem Schicksal, wie es seine Mutter und viele seiner Verwandten und zehntausende österreichische Juden in Österreich erlitten hatten.

Da war zuallererst auch die Sorge um seine Mutter, Schwester und Tante, die er verzweifelt – und letztlich vergeblich – versuchte, nach Schweden zu holen. Natürlich auch Sorge um die Familie meiner Mutter in Salzburg, die als Arier zwar nicht gefährdet waren, aber unter dem Krieg immer mehr zu leiden hatten. In dieser Zeit entwickelte sich ein reger Brief- und Paketverkehr zwischen Stockholm und Wien, der über Lissabon lief. Mit dem Geld, das meine Mutter dazuverdiente, kauften sie Sardinen und Kaffee, die sie nach Österreich schickten. Sardinen sind überaus nahrhaft, ihr Öl taugte zum Kochen und Kaffee war im Dritten Reich ein wertvolles Tauschmittel. Die Briefe, die aus Wien und Salzburg kamen, mussten durch die deutsche Postzensur und sahen manchmal aus, als hätte sich der Zensor (oder die Zensorin) den Spaß gemacht, ein Kreuzworträtsel mit vielen schwarzen Kästchen zu malen. Manchmal waren ganze Sätze schwarz übermalt. Was für eine absurde Verschwendung an Zeit und Arbeitskraft mit deutscher Gründlichkeit.

Der Anführer der österreichischen Sozialdemokraten im schwedischen Exil war Bruno Kreisky. Seine Frau Vera, eine Schwedin, wohnte ganz in der Nähe von uns auf Söder und war mit meiner Mutter eng befreundet. Ihr Sohn Peter war nur ein halbes Jahr jünger als ich, gemeinsame Interessen und Tagesabläufe fanden sich automatisch. Eine andere

Freundin, Ilse Karlsson, mit Mädchenname Ilse Weil und mit dem schwedischen Rotkreuzfahrer Arne Karlsson verheiratet, gab ihren Sohn immer wieder in die Obhut meiner Mutter, weil sie als Dolmetscherin ihren Mann nach Österreich begleitete, um Kindernahrung zu verteilen. Eine andere Freundin, Fanny Brauner, kam in ihrer Mittagspause immer wieder bei meiner Mutter vorbei und bekam eine Suppe serviert. Ich bin heute noch mit ihrer Tochter Annelie, einer Universitätsprofessorin befreundet.

Meine Mutter verstand es, mit einfachen Mitteln, ungezwungen und unaufgeregt, einen Platz zu schaffen, an den man immer wieder gerne zurückkehrte. Ich kann mich aus dieser Zeit an vieles nicht mehr erinnern, aber ich war jedenfalls kein einsames Einzelkind, sondern wuchs in einer lebendigen, lebensfrohen Umgebung mit vielen anderen Kindern auf.

Im Juni 1945 konnte mein Vater in Schweden in seinen ursprünglichen Beruf als Versicherungsangestellter zurückkehren. Rückblickend war das der entscheidende Schritt in Richtung Heimkehr nach Österreich – die berühmte Weggabelung. Wie kam es dazu? Der spätere Bundeskanzler Kreisky arbeitete schon seit einigen Jahren in der Redaktion der Stockholmer Beilage der Monatszeitschrift der Konsumgenossenschaft „Vi". Als mein Vater hörte, dass deren Chefredakteur Seved Apelquist zur „Folksam", der genossenschaftlichen Versicherungsgesellschaft, wechseln sollte, bat er Kreisky, ihn zu empfehlen.

Mit „Folksam" kam mein Vater nicht nur in sein altes Metier zurück, im März und im Oktober 1947 reiste er im Auftrag seines Arbeitgebers nach Wien und nahm mit Bekannten bei der Wiener Städtischen Versicherung und mit den alten politischen Weggefährten Kontakt auf.

Schon meines Vaters Ankunft zu Midsommar 1939 aus dem verunsicherten, von den Nazis beherrschten Wien ins reiche, lichte und optimistische Stockholm war ein großer Kulturschock. Seine Wiederankunft im verarmten und zerbombten Nachkriegs-Wien war ein noch größerer. Mich als Kind verwunderten die vielen Kriegsruinen. Mein Vater und kurze Zeit später auch meine Mutter spürten natürlich auch, welche materiellen und immateriellen Wunden die Nazi-Zeit und der Krieg in Wien hinterlassen haben. Sie waren „wirklich erschüttert über den Verlust an Niveau und Persönlichkeiten, der durch Isolierung, Zerstörung des geistigen Umfelds und nicht zuletzt durch die jahrelange Not und den Hunger hervorgerufen worden waren", resümierte mein Vater in seinen Memoiren. Für jemanden wie sie, die zehn Jahre lang in einer offenen Demokratie gelebt hatten, eingebunden in alles, was neu gedacht und erfunden wird in der Welt, nicht abgeschottet von den neuen Wissenschaften über gesellschaftspolitische und wirtschaftliche Zusammenhänge, muss der Wiener Horizont damals erschreckend eng gewirkt haben.

Als mein Vater einen Artikel für das 1946 neu gegründete sozialdemokratische Diskussionsorgan „Die Zukunft" über das Buch „Die Krise in der Bevölkerungsfrage" des Ehepaars Alva und Gunnar Myrdal aus dem Jahr 1934 schrieb, war das Echo unter der Wiener Leserschaft enorm. Das Buch der Myrdals galt in Schweden längst als soziologisches Standardwerk. Es analysiert, was der Staat dem drastischen Geburtenrückgang und der drohenden Überalterung in der schwedischen Gesellschaft entgegenhalten soll. Die Antwort ist eine umfassende Familienpolitik, angefangen von einem familienfreundlichen Wohnprogramm, über Kindergeld, Mietzuschüsse, Schulfrühstück und kostenlose Ausbildung. Auch umstrittene Themen wie Empfängnisverhütung sowie die Forderung nach straffreier Abtreibung finden sich darin. Das Buch bewegte den damaligen schwedischen Sozialminister dazu, eine Sozialhilfe für Familien einzuführen; Thesen, die in Wien nach vier Jahren Ständestaat und dann noch sieben langen Jahren Nazi-Terror anregend und neu waren.

Zur gleichen Zeit schrieb mein Vater auch einen Beitrag für die Zeitschrift der Arbeiterkammer „Arbeit und Wirtschaft" über den sogenannten „Beveridge-Plan". Der zuständige Redakteur war damals der bekannte Journalist und USA-Emigrant Otto Leichter, der 1948, nach zwei Jahren in Wien, in seine Exilheimat USA zurück übersiedelte. Der britische Ökonom William Henry Beveridge wurde 1942 mit seinem „Social Insurance and Allied Services"-Bericht für das britische Parlament berühmt. Seine Vorstellungen hatten großen Einfluss auf die Ausgestaltung der Sozialversicherungssysteme in Großbritannien und die skandinavischen Staaten der Nachkriegszeit. Aus Steuermitteln finanziert, staatlich organisiert, mit moderaten Leistungen, die aber alle Bürger erfasst, sollte sie nicht nur die Risiken der „großen Übel" Not, Krankheit, Alter und Arbeitslosigkeit auf die Allgemeinheit fair verteilen, sondern auch helfen, das Ziel Vollbeschäftigung zu erreichen. Der schwedische Finanzminister Per Edvin Sköld hatte dazu einen Vortrag gehalten, dessen Thesen mein Vater in seinem Artikel im Wesentlichen übernahm und adaptierte. Auch hier gab es viele Reaktionen.

Es war offensichtlich nicht schwer, im intellektuell ausgedörrten Österreich mit neuen Ideen für Aufmerksamkeit zu sorgen. Der Mangel an Fähigkeiten und klugen Köpfen war enorm. Mit den Worten: „Der Blutverlust im Ersten und Zweiten Weltkrieg, die Vernichtung der jüdischen Kulturschichten, der ‚braindrain‘, die Abwanderung der Wiener Tschechen – all das musste ja zu dieser schrecklichen Kleinkariertheit der Zwischenkriegszeit führen", beschrieb mein Vater das Österreich, das er bei seinen ersten beiden Reisen im Jahr 1947 antraf. Andere hätten das vielleicht als Grund genommen, lieber im weit besser aufgestellten Schweden zu bleiben, für meinen Vater verstärkte genau dieses bittere Resümee den Wunsch, zurückzukehren, um beim Wiederaufbau mit dabei sein zu können. Eine Aufforderung oder eine Einladung von Seiten der SPÖ oder sonst jemandem nach Österreich zurückzukehren, gab es allerdings nicht.

Als Kind konnte ich nicht verstehen, warum meine Eltern schließlich zurück nach Wien gingen. Wie hätte ich es auch verstehen können. Ich erinnere mich an meine erste Reise nach Wien im Sommer 1949. Mein Bruder Lennart war im März 1948 zur Welt gekommen. Meine Eltern waren seit zehn Jahren in Schweden und hatten die schwedische Staatsbürgerschaft erworben. Damit konnten wir vier gemeinsam mit schwedischen Reisepässen nach Österreich einreisen.

Ich erinnere mich an die Fenster in Wien ohne Glas und an die halben Zinshäuser, in die man hineinschauen konnte wie in ein Puppenhaus. An manchen Zimmerwänden konnte man die alten Tapeten erkennen, an anderen die Kacheln des Bades und die mitten entzwei gerissene Küche. In Schweden war alles friedlich und intakt, in Wien schäbig und kaputt. Als kleines Kind hinterfragt man auch wichtige

Entscheidungen der Eltern nicht. Später, als ich und meine Geschwister wissen wollten, warum wir nach zehn Jahren in Schweden doch noch nach Österreich zurückgekehrt sind, lautete die Antwort: „Aus Verantwortung für das Land, für die Gesellschaft". Wenn man mit gewissen Wertvorstellungen aufgewachsen ist, dafür eingesperrt wurde oder in die Illegalität hatte gehen müssen, dann kann man nicht so leicht fernbleiben, wenn endlich wieder Friede ist. Dann muss man sich auch persönlich engagieren. Jedenfalls haben wir die Entscheidung auch später nie infrage gestellt. Ich war immer stolz auf unsere Herkunft, auf unsere Eltern und bin sehr dankbar, dass Schweden sie aufgenommen hat. Hätte Schweden das nicht getan, gäbe es mich nicht. Aber seit Jahrzehnten bin ich wieder voll und ganz Österreicherin – und Schweden sehr verbunden.

Die Entscheidung, nach Wien zurückzukehren, trafen meine Eltern im Juli 1949. Mein Vater hatte sich schon zu Beginn seiner Zeit in Schweden entschlossen, keinesfalls selber Emigrantenpolitik betreiben zu wollen. Er folgte dabei Otto Bauer, der fand, dass die Leitung einer politischen Bewegung im Land selbst und autonom sein muss, nicht irgendwo im Exil. Als ihn bald nach seiner Heimkehr der damalige SPÖ-Zentralsekretär und Nationalrat Otto Probst am 1. Oktober 1949 vor der SPÖ-Zentrale in der Löwelstraße gleich hinter dem Wiener Burgtheater mit den Worten begrüßte: „Na, da kommt ja wieder einer, der ins Parlament will", konnte mein Vater ihm ohne falsche Bescheidenheit antworten: „Du, i net."

Dass er in Österreich auch als Konkurrent wahrgenommen wurde, war ihm durchaus bewusst. Auch den unterschwelligen Antisemitismus, der ihm als jüdischen

Re-Emigranten auch aus Teilen seiner eigenen Bewegung entgegenkam, nahm er in Kauf. Mit Norbert Liebermann war im Jahr 1947 ein Mann als Generaldirektor der Wiener Städtischen aus dem amerikanischen Exil vom Wiener Bürgermeister Theodor Körner zurückgeholt worden, der wie er Jude und auch einige Zeit in Dachau eingesperrt gewesen war. Mein Vater stand seit Kriegsende mit ihm in regem Briefverkehr. Liebermann, damals schon 68 Jahre alt, stand vor der großen Herausforderung, die Städtische, die in der Nazizeit nicht gut geführt worden war, neu aufzustellen. Er wollte meinen Vater als seinen Nachfolger aufbauen und machte ihm im Sommer 1949 ein attraktives Angebot.

Nach einigen schlaflosen Nächten, in denen meine Mutter für die Rückkehr nach Wien gewonnen werden musste, sagte mein Vater zu. Am 1. September 1949 trat Otto Binder seine neue Arbeitsstelle an. Am Krampustag des Jahres 1949 kamen unsere Mutter, mein Bruder Lennart und ich in Wien an. Aber wir hatten eine Rückversicherung. „Du weißt, wenn es in Wien schiefgehen sollte, hast Du bei uns immer eine Tür offen", versicherte meinem Vater sein schwedischer Chef Seved Apelquist. Auch das war damals sicherlich außergewöhnlich. Die schwedische Staatsbürgerschaft, die wir bis ins Jahr 1959 behielten, war eine zweite Rückversicherung. Die Angst, dass Wien womöglich wie Berlin von den Sowjets blockiert und abgeriegelt wird, wie ein Jahr zuvor passiert, schwang noch nach.

Rückblickend wird einem noch klarer, welch Ausnahmefall mein Vater damit war. Und er nutzte diese Chance. Dass mein Vater in der Nachkriegszeit wahrscheinlich der einzige österreichische Unternehmensleiter war, der nach Paragraph 27 des Angestelltengesetzes von seiner Firma einst fristlos entlassen und trotzdem später deren Generaldirektor wurde, erfüllte ihn stets mit Genugtuung. Der Traum, in der Heimat mit zumindest halbgeöffneten Armen empfangen zu werden, wurde für ihn damit doch noch Realität.

Mein Vater war gleich, als er das erste Mal im März 1947 nach Wien zurückkam, in die Alserstraße 28 ins Hinterhaus zur Tür Nummer 24 gegangen, an jenen Ort, an dem er acht Jahre zuvor seine Mutter das letzte Mal gesehen hatte, wie sie am Treppenabsatz stand und ihm nachschaute. Am Türschild stand nun ein anderer Name. Es war aber nicht jener, für den meine Großmutter ihre Wohnung hat räumen müssen. Da beschloss er, dass er mit uns nicht mehr hier leben wollte. Die Wohnung war arisiert, und 1945 offenbar erneut vergeben worden. Sie für sich zu beanspruchen, hätte unter Umständen neues Unrecht geschaffen. Es war eine versöhnliche Entscheidung, da er ganz von vorne beginnen wollte. In der Alserstraße – sagte er immer – wären ihm in jedem Winkel die Geister seiner Vorfahren begegnet.

Am zerbombten Nordbahnhof in Wien kamen meine Mutter, mein Bruder Lennart und ich am 5. Dezember 1949 an. Mein Vater war schon im September 1949 nach Wien zurückgekehrt. Bis zu unserem Einzug in ein Reihenhaus in der Tegnérgasse in der Per-Albin-Hansson-Siedlung im Februar 1950 waren wir von Gretl Mrak eingeladen, bei ihr in ihrer kleinen Wohnung in der Laudongasse zu wohnen.

Die Per-Albin-Hansson-Siedlung am Fuß des Laaer Bergs in Wien-Favoriten war das erste große Wohnbauprojekt Wiens nach dem Zweiten Weltkrieg. Sie war für damalige Begriffe großzügig und modern.

Das Architektenteam unter der Leitung Franz Schusters plante die Wohnungen sowie den Kindergarten, die Schule und das Volksheim in einer klar strukturierten Reihenhaus- und Wohnblockanlage. Den Namen des bekannten schwedischen Ministerpräsidenten trägt sie, weil die Schwedische Europahilfe zur Errichtung der Anlage der Gemeinde Wien 1947 zwei Maschinensätze für die Vibroblockstein-Erzeugung zur Verfügung stellte. Die Vibrosteine waren Hohlblock-Betonsteine, die aus einem Gemisch von Schutt, Ziegelschrot und Zement erzeugt wurden, wodurch aus dem Schutt zerstörter Häuser neues Baumaterial entstand. Was für eine Symbolik, denke ich mir im Nachhinein. Wir wohnten in Wänden, die aus dem Schutt des Zweiten Weltkrieges gemacht worden waren, umgeben von Straßen und Plätzen, die allesamt schwedische Namen trugen. Beim Volksheim am Stockholmer Platz wurde 1951 das Hansson-Denkmal eingeweiht. Es war durch einem Spendenaufruf der Stockholmer Zeitung „Morgon-Tidningen" finanziert und vom schwedischen Bildhauer Emil Näsvall geschaffen worden. Hansson war in den Jahren, bevor meine Eltern nach Schweden emigrierten, Vorsitzender der Sozialdemokratischen Partei Schwedens und etliche Jahre auch Ministerpräsident des Landes gewesen. Der Begründer des vielbeachteten schwedischen Gesellschaftsmodells begleitete uns in den Jahren, in denen wir in der Siedlung lebten, also weiter.

Einen Haushalt zu führen war damals noch Schwerarbeit. Es gab keine Waschmaschine, sondern nur einen Zinnkessel zum Wäsche kochen, der mit Holzscheiten geheizt werden musste, geschwemmt wurde die Wäsche in der Badewanne; auch gab es keinen Eiskasten, dafür einen Garten mit Obstbäumen und Beeren. Trotzdem war meine Mutter immer eine fröhliche, offenherzige und solidarische Frau. Sie engagierte sich bei den Kinderfreunden und betreute die Kinder der Volkstanzgruppe.

In späteren Jahren, als die Familie schon seit 1959 im 19. Bezirk wohnte, wir Kinder erwachsen waren und Partner und noch später Enkelkinder ins Haus brachten, war der regelmäßige Mittagstisch am Samstag ein Fixstern für alle. Im höheren Alter wurde meiner Mutter der Mittagstisch am Samstag dann doch zu beschwerlich. Ich konnte ihr eine Köchin vermitteln, nämlich die Köchin des gerade verstobenen Bruno Kreisky. Wieder hatte sich ein Kreis geschlossen. Diese Mittagessen als Fixpunkt unserer Familie sahen meine Eltern als wichtigen Beitrag zum Zusammenhalt der Familie und sie haben damit sicher recht behalten. Die Kinder- und Enkelkindergenerationen verstehen sich blendend und haben einen sehr guten Kontakt miteinander. Da an diesen Mittagessen oft auch Freunde aus dem Ausland und deren schon erwachsenen Kinder teilnahmen, knüpften wir lebenslange Freundschaften über Generationen und Grenzen hinweg.

III
BILDUNG – Was uns weiterbringt

„Welcher berufliche Weg steht mir offen?", diese Frage hat nicht nur das Leben meiner Eltern bestimmt, sondern auch mein eigenes.

Zu Beginn meiner Schulzeit war Wien unter den Alliierten geteilt. Favoriten, unser Wohnbezirk, lag in der sowjetischen Besatzungszone. Die Volksschule war provisorisch in einem Wohnhaus in der Per-Albin-Hansson-Siedlung untergebracht, aber mit der Mittelschule wurde es kompliziert. Die Mädchenmittelschule, die für mich in Frage kam, war nicht fertig adaptiert und renoviert. In der russischen Besatzungszone gab es nur eine Bubenmittelschule, die im vierten Bezirk lag. Deswegen ging ich zuerst in die nahegelegene koedukative Hauptschule in der Wienerfeldsiedlung, bevor ich dann in die neue Mädchenmittelschule in die Laaerbergstraße gleich hinter dem Amalienbad übersiedelte.

Frau Direktor Edith Häuser war die Direktorin des Laaerberggymnasiums. Ich habe sie als eine gute Pädagogin, eine gute Schulleiterin, die viel Ruhe und Sicherheit ausstrahlte, in Erinnerung. Es ist mir ein Bedürfnis, sie an dieser Stelle zu erwähnen.

Als wir dann 1959 nach Döbling übersiedelten, kam ich in das Mädchengymnasium in der Haizingergasse in Wien-Währing. Dort war die „legendäre" Minna Lachs Direktorin. Minnas Biografie ähnelte ein bisschen der meines Vaters. Sie stammte aus einer Familie galizischer Juden, überstand die Nazi-Zeit im amerikanischen Exil und war 1947 „im Glauben an das neue Österreich" zurückgekehrt. Im Gepäck hatte sie so revolutionäre Ideen wie Englischunterricht in der Volksschule oder, was mich sehr prägte, „Dichterlesungen" als Unterrichtsprinzip. Viele ihrer Lehrbücher für den Englischunterricht und Handbücher für Lehrer verfasste sie selber, um das alte Unterrichtsmaterial zu erneuern. Selber war sie eine charismatische Pädagogin, die mein Interesse an Weltliteratur und deren Interpretation förderte und – nicht zu vergessen – auch mein politisches Bewusstsein erweiterte. Sie stellte eine neue, junge Lehrerinnengeneration ein, die bei unserer Matura fast aufgeregter war als wir selber, weil wir für sie der erste Maturajahrgang waren.

Ich hätte nach meiner Matura im Jahr 1961 in Wien sehr gerne studiert. Geldmangel – mein Vater war zu diesem Zeitpunkt schon in einer wirtschaftlich gut abgesicherten Position – stand dem nicht entgegen. Wahrscheinlich war ich zu wenig entschieden, was die Studienwahl anging. Ich war als Maturantin an so vielem interessiert, an Kunstgeschichte und Architektur, an Geschichte und an vielen Fächern der Naturwissenschaften. Ich war so neugierig auf vieles, konnte mir aber meinen beruflichen Alltag nicht recht vorstellen. Ich habe mich mit meinem Vater beraten, doch er hatte für meinen „Wankelmut" für so viele Studienrichtungen offen zu sein, kein Verständnis. Und er traute mir wahrscheinlich auch nicht genügend Ausdauer zu. Er sah einfach auch – so formulierte er das – „keine wirkliche Notwendigkeit", dass ein Mädchen studiert. So entschloss ich mich, die Aufnahmeprüfung an der Höheren Bundes-Lehr- und Versuchsanstalt für Textilindustrie in Wien (Abteilung Musterzeichnen) zu machen, die ich ohne Probleme bestand.

Dort war ich eine sehr gute Schülerin, praktizierte während der Sommerferien bei der Firma Stoffels in

St. Gallen und bei EMTE-Textil, bei Frau Margit Thorén in Stockholm. Nach der Diplomprüfung arbeitete ich bei der Pottendorfer AG als Dessinateurin und besuchte gleichzeitig einen Vorbereitungskurs der Wirtschaftskammer, um dann die Meisterprüfung für Weberei ablegen zu können. Mit der Meisterprüfung in der Tasche fuhr ich im Jänner 1967 nach Stockholm, um bei Märta Måås-Fjetterström AB, einer anerkannten Gobelinmanufaktur, zu arbeiten.

Zurück in Wien begann ich im September 1967 im Museum für Angewandte Kunst in der Textilabteilung als Textilrestauratorin zu arbeiten. Frau Dora Heinz, die Kuratorin der Textilabteilung, betrachtete mich als wissenschaftliche Partnerin und öffnete mir die faszinierende Welt der Wissenschaft. Die fehlende Chance – meiner Ausbildung entsprechend – im Beamtenschema des Bundes aufsteigen zu können, veranlasste mich nach etwas mehr als zwei Jahren zu kündigen.

Im Alter von 27 Jahren, und schon verheiratet, erfüllte ich mir 1969 meinen Wunsch auf die Universität zu gehen und inskribierte das Fach „Alte und Neue Kunstgeschichte". Das Institut war auffallend progressiv, mit Professoren, die aus der Emigration zurückgekehrt waren und mit überproportional vielen Studentinnen und Studenten, die in der Studentenvertretung aktiv waren. Wir waren eine bunte Mischung aus Aristokraten, Emigrantenkindern, Kommunisten und Post-68ern. Unter meinen Studienkolleginnen waren unter anderem die heutige Kunsthistorikerin Daniela Hammer-Tugendhat, deren Eltern aus Brünn nach Caracas emigriert waren, Anna-Maria Schwarzenberg, Schwester von Karel Schwarzenberg und Christian Beaufort-Spontin, inzwischen pensionierter Leiter der Hofjagd- und Rüstkammer.

Ich habe das Studium nicht beendet, aber darum ging es mir zu diesem Zeitpunkt gar nicht mehr. Ich wollte mir beweisen, dass auch ich eine gute Studentin gewesen wäre und das ist mir gelungen. Mich selbst zu organisieren, mich in neue Materien einzuarbeiten, zu lernen, Seminararbeiten zu schreiben und Prüfungen abzulegen, einfach selbständig etwas zu erarbeiten. Und ich lernte noch etwas: Man muss Prioritäten setzen. Zwei kleine Kinder, ein Haushalt, die Familie, der Partner ein junger Abgeordneter zum Nationalrat und Klubsekretär der sozialistischen Fraktion während der ersten Alleinregierung Bruno Kreiskys, dessen Arbeit und Kontakte mich wahnsinnig interessierten und mit dem ich „politisch mitleben" wollte – das alles mit einer Berufstätigkeit zu verbinden, wäre auf Dauer zu viel gewesen; da musste eine Entscheidung getroffen werden. Und so beendete ich nach fünf Semestern und einem erfolgreichen Oberseminar das Studium der Kunstgeschichte. Den ersten Studienabschnitt hatte ich mit einer Arbeit über „Das Gurker Fastentuch aus dem 15. Jahrhundert" beendet, die Seminararbeit über die „Chorräume um 1720" zeigte mir, wie eng miteinander verknüpft Kunst-, Sozial- und Wirtschaftsgeschichte sind.

Für meine weitere Entwicklung machte ich während der Schulzeit meiner Kinder einschneidende Beobachtungen: Die Art und Weise, wie Wissen Kindern vermittelt wird – oder auch nicht –, hat mich sehr zu beschäftigen begonnen, als unsere Kinder die Volks- und später die Mittelschule besuchten. Als Mutter, die nicht berufstätig war, hatte ich das große Privileg, das Schulleben über viele Jahre hindurch intensiv mitzuerleben. Lisa und Philip besuchten die Volksschule in der Zeltgasse im 8. Bezirk und gingen dann ins öffentliche

Gymnasium in der Piaristengasse. Oft war ich bei Schulausflügen Begleitperson; abseits der Sprechstundenhektik konnte ich mit Professorinnen und Professoren, die beim (damals noch existierenden) Meinl im Erdgeschoß unseres Wohnhauses in der Josefstädter Straße ihre Einkäufe tätigten, interessante Gespräche führen.

Ich erinnere mich an einen Buben aus türkischem Elternhaus, der eine Frau als Lehrerin und Respektsperson nicht akzeptieren wollte, oder an die Kinder, deren Eltern sich gerade scheiden ließen und die ihre emotionale Hochschaubahn beim Puppentheater abarbeiteten. Ich denke an das Zöliakie-Kind, das in den 1980er Jahren aus Diätgründen auf keinen Schulausflug mitfahren konnte. Oder an Mitschüler der Kinder, die aus religiösen Gründen an keinem Geburtstagsfest teilnehmen durften. Oder an den naturwissenschaftlichen Unterricht, den Philip geliebt hat, und den Lisa, die die gleiche ausgezeichnete Professorin hatte, als fad empfand. Die destruktive Atmosphäre für die Naturwissenschaften in dieser Klasse ließ keine positive Energie frei werden, die die Professorin für einen guten Unterricht gebraucht hätte.

Schule, so wurde mir bewusst, bedeutet so viel mehr als bloß Unterricht abzuhalten. Schulen müssen gesellschaftspolitische Aufgaben genauso übernehmen wie sie auch manchmal Familienersatz sein müssen. Wer „klassisch" unterrichten will, „nur" Stoff vermitteln will, erreicht die Kinder kaum mehr. Der Funke „Das interessiert mich!" muss gezündet werden und das Feuer zum Lodern bringen. Ziel ist es, die Kinder zum selbständigen Denken hinzuführen und dabei soziale Kompetenzen zu stärken.

Viele solche Gedanken und Erfahrungen aus der Schulzeit unserer Kinder beschäftigten mich, als ich meinen Mann in der Karwoche des Jahres 1993 – er war damals Präsident des Nationalrates – zu einem Besuch nach Canada, eingeladen vom kanadischen Parlamentspräsidenten John Allen Fraser, begleitete. Mein Programm sah unter anderem einen Besuch in der „Science World" in Vancouver vor, dem dortigen Science Center. Ich kannte den Begriff bis dahin nicht. Science World ist in einem gigantischen, kugelförmigen Gebäude untergebracht, das Richard Buckminster Fuller für die Weltausstellung „Expo 86" entworfen hatte. Obwohl schulfrei war, knisterte es drinnen nur so vor Interesse, Konzentration und Faszination. Kinder vom Volksschulalter bis zur Matura schauten sich die Exponate und Demonstrationen an, experimentierten selbständig, hatten Freude am Entdecken. Ich wollte dort gar nicht mehr weg.

In Vancouver gab es für die jüngeren Besucher, deren Aufmerksamkeitspotential kürzer ist, auch einen Raum zum Abschalten und Austoben. Er bestand aus einem Parcours, der mit Autoreifen gesichert war, zwischen denen ein Fauteuil auf Kugelrädern geschoben werden musste. Jedes Team lief um seine eigene Bestzeit. Welches Kind setzt sich in den Fauteuil? Wie viele schieben es an? Ist es besser, das größte und schwerste Kind sitzt und die anderen schieben, oder umgekehrt? Viele Kinder haben wohl erst im Nachhinein realisiert, dass sie selbst beim Herumtoben und Spielen wichtige Gesetze der Physik so nebenbei erlebt und gelernt haben.

Hier spürte ich, was Lernen auch heißen kann: Faszination als treibende Kraft, sich mit einer Thematik auseinanderzusetzen. Es gibt viele Menschen, die die haptische, direkte Erfahrung brauchen, die über „Experimente zum Angreifen" lernen. Unsere Schulrealität nimmt derzeit darauf viel zu wenig Rücksicht. „Wieso", fragte ich mich, „dürfen bei uns Kinder nicht mit so viel Lust und Freude, Faszination und Engagement wissenschaftliche und technische Grundlagen begreifen lernen?" Hier, dachte ich mir, liegt eine mögliche Antwort auf die vielen Fragen, die ich mir in den letzten 12 Jahren als Mutter zweier schulpflichtiger Kinder gestellt habe. Hier, ahnte ich, wartet eine Aufgabe auf mich. Auch Heinz spürte, welche Anziehungskraft das Thema auf mich hat und wie ich mit meinem Engagement aufblühte.

Ich war an einem Punkt in meinem Leben angekommen, an dem ich Zeit, Kraft und Lust hatte, zu gestalten und der Gesellschaft etwas zurückzugeben. Wohlstand sollte als Verpflichtung angesehen werden, anderen zu helfen. Wie mein Vater, hätte auch ich nie in die „klassische Politik" gewollt, obwohl mein Selbstverständnis ein hochpolitisches ist. Vielleicht lassen sich für die Bildungs- und Schulpolitik Impulse setzen? Im Alter von fünfzig Jahren hatte ich nun etwas entdeckt, was inzwischen zu einer echten Berufung geworden ist.

Zurück in Wien versuchte ich mehr über die Idee der Science Center herauszufinden. Der Begriff „Science Center" stammt aus dem angloamerikanischen Sprachraum und bedeutet buchstäblich „Wissenschaftszentrum". Es ist mehr als ein Museum: Es ist ein Ort, an dem Angreifen und Ausprobieren nicht nur erlaubt, sondern erwünscht ist. Der Physiker Frank Oppenheimer, Bruder von J. Robert Oppenheimer, der als Vater der Atombombe in die Geschichte einging, gründete 1969 in San Francisco das erste Science Center und nannte es „Exploratorium". Es wurde zum Vorbild für viele ähnliche Ausstellungsräume, die seitdem gegründet wurden, weltweit gibt es heute mehr als 3.000 Science Center.

Oppenheimer hatte auf Universitäten und in Schulen unterrichtet, bevor er während eines Europaaufenthaltes interaktives Lernen kennen gelernt hatte. Zurück in den USA suchte er einen Ort, wo Wissenschaft verständlich dargestellt werden kann und wo ergänzt wird, was in Klassen passiert – oder besser: oft nicht passiert. Die Experimentierstationen sollten wissenschaftlich fundiert, aber niederschwellig sein. Es sollte dort gespielt und geforscht und auch mal respektlos und unverfroren an große Fragen herangegangen werden dürfen. Es sollte ein „Hands-on-Museum" sein wie ein Wald aus Experimenten, in dem sich jeder die für sich spannenden Dinge suchen darf. Im Exploratorium werden Wissenschaft und Technik deswegen nicht in historischer Chronologie erklärt, wie es in unseren Museen zum Teil immer noch üblich ist, sondern anhand der menschlichen Sinne, Gehörsinn, Gesichtssinn, Geschmacks-, Geruchs- und Tastsinn sowie die Sinne zur Kontrolle des Gleichgewichts, mit denen wir die Welt wahrnehmen; außerdem mit oft faszinierend ästhetischen Exponaten, die für sich eigentlich schon physikalische Phänomene darstellen.

Der Direktor von Vancouver Science World hatte mir empfohlen, mich an die ecsite („European Collaborative for Science, Industry and Technology Exhibitions"), die europäische Vereinigung der Science Center zu wenden, die 1991 gegründet worden war. Im November 1993 fuhr ich also erstmals (auf eigene Kosten, wie auch später immer) auf deren Konferenz nach Kopenhagen, wo das „Experimentarium" steht, das 1991 eröffnet hatte. Das „Heureka" in Helsinki, das ich im Jahr darauf kennenlernte, ist älter. Es geht auf eine Initiative von finnischen Universitätsprofessoren zurück, die 1982 eine Physik-Ausstellung organisierten und danach die Unterstützung der Finnischen Akademie, des Bildungsministeriums und verschiedener Stiftungen für eine permanente Präsentation gewannen. Als ich 1994 in Helsinki war, war Heureka bereits seit Jahren eng mit der pädagogischen Universität verbunden. Ein Teil der finnischen Lehrerausbildung, damals schon völlig selbstverständlich eine universitäre Ausbildung, fand mit einem Praxisteil – egal ob für Kindergartenpädagoginnen und Kindergartenpädagogen oder Padagoginnen und Pädagogen im höheren Bildungsbereich – im Heureka statt.

Zu diesem Zeitpunkt war die Science-Center-Idee in Europa zwar schon seit ungefähr einem Jahrzehnt präsent, aber trotzdem nur einem kleinen Kreis an Interessenten bekannt. In Österreich war das Thema noch fast unbekannt. Jahrelang war ich die einzige Österreicherin auf diesen jährlichen Treffen. In der offenen und engagierten Gesellschaft dieser Kolleginnen und Kollegen lernte ich sehr viel und die Konferenzen bestärkten mich, an diesem Thema dranzubleiben. Die Konferenzen bezeichnete ich als regelrechte „Sauerstoffdusche", da sie so inspirierend und interessant waren.

Wie lernen wir? Wichtiger noch: Wie lehren wir? Wie vermittelt man Experimente am besten? Es reicht nicht aus, eine Magnetplatte und ein Dutzend Metronome einzuschalten und abzuwarten, wie die unterschiedlich schwingenden Metronome sich nach und nach im gleichen Takt einpendeln und das Phänomen dann frontal zu erklären. Wissenschaftliche Zusammenhänge wollen durch Fragen, Staunen, Wundern erkundet werden. Es ist lohnend, selbst herauszufinden, warum etwas so passiert, wie es eben passiert oder was geschieht, wenn man Parameter verändert. Diese Art von Lernen bzw. entsprechendem Lehren beschäftigt die Experten und Expertinnen dort, während in Österreich zeitgleich viel zu viel Energie im Streit über politische und administrative Fragen verschwendet wird.

Mir war 1993 klar, dass ich hinter mir keine finanzstarke Stiftung habe wie die Gründer des Kopenhagener Experimentariums oder das Schweizer Technorama, das zeitgleich gegründet worden war. Aber ich hatte viele Kontakte und vor allem Zeit und Geduld, um die Science-Center-Idee verspätet, aber doch endlich auch nach Österreich zu bringen. Und wenn ich von etwas wirklich überzeugt bin, bin ich äußerst beharrlich und das braucht es wahrlich. Sieben Jahre Vorlauf, sagten mir Kolleginnen und Kollegen damals, sind für ein Projekt dieser Größenordnung völlig normal. Ohne vorgreifen zu wollen, es kam anders.

Es war alles andere als einfach. 1993 gründeten wir den „Verein zur Gründung und zum Betrieb einer Erlebnisausstellung zu den Naturwissenschaften". Damals war die Philosophie europaweit, Science Center in großen Gebäuden unterzubringen. Je länger wir an dem Projekt arbeiteten, desto mehr Eigeninteressen schien es anzuziehen. Die einen wünschten sich einen Architekturbau mit Signalwirkung, mindestens von Coop Himmelb(l)au, die anderen wollten mit dem Science-Center die gerade entstehende Donauplatte in Wien-Donaustadt beleben. Die eigentliche Idee lief Gefahr zur Nebensächlichkeit zu werden.

Im Jahr 1999 waren wir nach vielen Gesprächen und Lobbying-Arbeit doch endlich soweit, dass die Planungen für ein Science Center auf der Donauplatte in Wien beginnen konnten. Das Wissenschaftsministerium und die Stadt Wien hatten bereits Finanzierungszusagen gemacht. Aber im Jahr 2000 kam es zur Bildung einer ÖVP-FPÖ-Regierung, in der die FPÖ das Wissenschaftsministerium übernahm. Der neue Wissenschaftsminister hatte kein Interesse an unserem Projekt und zog die Finanzierungszusage von seinem Vorgänger Caspar Einem wieder zurück. Damit waren alle unsere Pläne Makulatur. Wir waren gezwungen, den Verein aufzulösen.

Vier Jahre später, 2004, wurde mein Mann zum Bundespräsidenten gewählt. Das gab ihm, aber auch mir zusätzlichen Schwung und neue Energien. Meine alten Vorstandskollegen hatten genauso wenig wie ich die Vision eines Science Center für Österreich aufgegeben. Josef Fröhlich und Wolfgang Czerny sind Experten für Innovationssysteme und Steuerungsprozesse in Netzwerksystemen im damaligen „Innovation Systems Department" des AIT (Austrian Institute of Technology). Könnten wir die Science-Center-Idee auf der Basis der Netzwerktheorie neu angehen, das Prinzip des interaktives Lernens österreichweit verbreiten, anstatt ein einzelnes Science Center in Wien zu betreiben? Bei diesem Modell brauchen wir kein kostspieliges Gebäude, können, wenn alles gut geht, viel mehr gleichgesinnte Partner und ein größeres Publikum erreichen, sind flexibler in unseren Aktivitäten und können außerdem in einem angewandten Modell die Funktionstüchtigkeit der Netzwerktheorie testen. Nach zehn Jahren Praxis können wir jetzt sagen, dass dieses Modell ein sehr erfolgreiches ist.

Bei diesem zweiten Anlauf im Jahr 2005 wählten wir also einen anderen, von Grund auf experimentellen Zugang. Wir gründeten zusammen mit Monica Stadler den „Verein ScienceCenter-Netzwerk". Vom ersten Tag an stand uns Barbara Streicher, die praktische Erfahrung vom Aufbau der

Initiative „dialog-gentechnik" mitbrachte, als eine wunderbare, kenntnisreiche Geschäftsführerin zur Verfügung.

Das ScienceCenter-Netzwerk ist eine spannende und lebendige Organisationsform. Aus den vielen Diskussionen mit meinen Kolleginnen und Kollegen verstand ich langsam, dass das Arbeiten in Netzwerken eine ganz neue Denkweise braucht, bei der nicht starre Zielsetzungen und Hierarchien im Vordergrund stehen, sondern Engagement für eine gemeinsame Sache und offene Diskussionen auf Augenhöhe. Damit bleiben alle Partner im Netzwerk selbständig, sie bringen ihre Expertise ein und holen sich Impulse. Die größere Wirkung in der Gesellschaft, im Bildungssystem und im Innovationssystem entsteht, weil die einzelnen Partner neue Verbindungen finden, von den Ideen, Diskussionen und Projekten im Netzwerk angeregt sind und sich dadurch selbst neu orientieren. Das sind nachhaltigere Veränderungen als von außen oder oben verordnete.

Unsere Rolle als Verein ist es, Motor für Vernetzung und Austausch zu sein, als Drehscheibe die Entwicklungen in Österreich auf dem Gebiet von Wissenschaftsvermittlung und informellem Lernen genau zu verfolgen und zu beforschen. Über innovative Projekte, die Reflexion im Netzwerk darüber und in letzter Zeit auch verstärkt über Fortbildungen, geben wir immer wieder (neue) Anstöße zu Veränderungen; wir lassen einfach nicht locker. Diese Offenheit, die Vielfalt und die Beharrlichkeit entsprechen mir sehr gut.

Schon in den ersten Netzwerktreffen war spürbar, dass es viele Partnerinnen und Partner genießen, endlich nicht „die einzigen" zu sein, die Wissenschaft und Technik interaktiv und spielerisch vermitteln wollen. Sich auf einmal in einer Gruppe von Gleichgesinnten zu finden, die in Science-Center-Aktivitäten ein großes Potenzial sehen, Neugier und Begeisterung zu wecken, Berührungsängste abzubauen, eigenständiges Ausprobieren und Hinterfragen anzuregen und (jungen) Menschen vielleicht sogar neue Berufsoptionen aufzuzeigen, ist überaus bereichernd und befriedigend. Wie wichtig der Austausch und das Lernen von Gleichgesinnten ist, erlebte ich ja selbst bei meinen ersten Science-Center-Konferenzen. Vor allem kleinere Organisationen und Einzelpersonen berichten von Rückhalt und gestärktem Selbstvertrauen, beteiligen sich an Projekten, an Fortbildungen und finden neue Kooperationspartner und manchmal Finanzierungsquellen. Ganz besonders freut es mich zu sehen, wenn große Institutionen eingefahrene, sichere Wege verlassen, sich gewissermaßen aus der gut eingerichteten Komfortzone bewegen und sich auf Neues einlassen.

Aktuelles Beispiel: Seit einigen Jahren beschäftigen wir uns im Netzwerk mit dem Thema „Soziale Inklusion", weil viele Bildungsaktivitäten (oft subtil) ausgrenzend für Kinder und Jugendliche aus prekären sozialen und finanziellen Verhältnissen, für Menschen mit Migrationshintergrund sind. Wir versuchen es anders, richten in ihrer Wohnumgebung leere Geschäfte als mini-Science-Center ein, frei zugänglich und wirklich niederschwellig, die sogenannten „Wissensºräume". Wenn ich dort erlebe, wie ein zehnjähriger türkischer Bub sich „Professor" nennt und stolz seine schönsten mikroskopischen Präparate zeigt oder ein achtjähriges Mädel, ebenfalls Stammgast, eine Gruppe von Pensionistinnen beim Experimentieren anleitet, geht mir das Herz auf. Dann zeigt sich, dass Begeisterung und Selbstvertrauen zusammenhängen, dass in motivierenden

Umgebungen das Lernen wie von selbst geschieht und dass Fehlermachen wichtig für die persönliche Weiterentwicklung ist.

Wir erreichen mittlerweile viele engagierte Lehrkräfte, die offen und dankbar sind für Anregungen, wie sie in ihrem Unterricht „hands-on" arbeiten können, wie sie Science-Center-Aktivitäten oder Forschendes Lernen einsetzen können. Hier spüre ich eine Kraft und einen Multiplikator-Effekt, der letztlich dazu führen kann, nicht mehr nur über organisatorische Rahmenbedingungen, sondern über guten, inspirierenden Unterricht zu reden.

Mit der 10-jährigen Entwicklung des Vereins hat sich meine Rolle natürlich verändert. Die detaillierte Planung und Abwicklung der vielen unterschiedlichen Projekte läuft mittlerweile über ein Team aus acht tüchtigen Mitarbeiterinnen und Mitarbeitern. So bin ich in der glücklichen Lage, als Vorsitzende im Vorstand die Entfaltung der Ideen zu begleiten und darf immer wieder staunen, wie sich aus unserer kleinen Initiative ein mittlerweile anerkanntes und vielfältiges Netzwerk von über 150 Partnern und Partnerinnen entwickelt hat, in dem sich Museen und Vermittler, Universitäten, Lehrkräfte, Pädagogische Hochschulen ebenso wie Designer und wirtschaftliche Unternehmen einbringen und gegenseitig befruchten.

Natürlich ist es in Zeiten der Wirtschaftskrise enorm anstrengend und mühsam, die Finanzierung dieses gemeinnützigen Projektes Jahr für Jahr sicherzustellen, aber bis jetzt ist es uns gelungen, Freunde und Freundinnen, Fördergeber, Sponsoren und Idealisten zu finden, die unsere Arbeit schätzen und unterstützen – und ich hoffe, dass das auch in Zukunft der Fall sein wird.

Mit der internationalen Science-Center-Community, von der ich seit 1993 so viel bekommen habe, bin ich nach wie vor intensiv in Kontakt. Inzwischen werde ich auch nicht mehr gefragt, wann wir denn endlich ein eigenes Science Center eröffnen, sondern unser besonderer Ansatz des österreichweiten Netzwerks wird sehr aufmerksam beobachtet und wir werden immer wieder zu Vorträgen und internationalen Kooperationen eingeladen. Im Juni 2016 schließt sich für mich persönlich ein Kreis, wenn der „Verein ScienceCenter-Netzwerk" zusammen mit dem Universalmuseum Joanneum Graz und dem Kindermuseum FRida & freD Gastgeber der nächsten Ecsite-Konferenz in Graz sein wird. Wir erwarten dazu mehr als 1.000 Teilnehmer aus über 50 Staaten weltweit. Es ist eine der größten internationalen Konferenzen zur Wissenschaftskommunikation in Europa und eine schöne Gelegenheit, der internationalen Community für ihre jahrelange Aufmunterung zum Durchhalten „Danke" sagen zu dürfen.

Aha-Erlebnisse darüber, wie Lernen funktionieren kann, bestärken mich immer wieder in unserer Arbeit. Etwa wenn Kinder beim Experimentieren vertrauensvoll zu ihren jugendlichen Buddies aufschauen und von ihnen lernen wollen und die Jugendlichen durch diesen Rollenwechsel unglaubliche Bestärkung erfahren. Oder wenn Erwachsene in der interaktiven Ausstellung „Wirkungswechsel" fasziniert sind von den feinen Figuren, die gekoppelte Pendel in den Sand zeichnen und immer neue Varianten der Bewegung ausprobieren. Aber auch, wenn beim Diskussionsspiel „Armutsgrenze" ein Kind den Zusammenhang zwischen dem eigenen Glück und der Gesundheit seiner Mama ausdrückt. Und wenn ein Junge beim Messen des Meeresspiegels in seinem experimentellen Modell die Überlegung anstellt, welche enormen Migrationsströme es auslösen würde, wenn durch den Klimawandel Berlin unter Wasser stünde …

In solchen Momenten spüre ich wieder die knisternde Atmosphäre aus dem Vancouver Science Center, die entsteht, wenn sich Menschen ermutigt durch einen spielerischen Ansatz wirklich auf Lernprozesse einlassen und sich zugleich ernst genommen wissen. Und ich freue mich, dass auch Kolleginnen und Kollegen aus anderen Institutionen mir jetzt ganz glücklich sagen: Die Teilnahme an den Netzwerk-Treffen ist auch für sie eine „Sauerstoffdusche" und eröffnet ihnen neue Horizonte in der Bildungsarbeit.

Wie wichtig Lernen, Lehren, Lernprozesse und Bildung in unserer heutigen Wissensgesellschaft sind, hat mir Geoffrey Sachs im August 2015 bei einem Frühstück in Alpbach erneut bestätigt. Er meinte, eine der wichtigsten Maßnahmen, um die drohende Überbevölkerung in Afrika und den dadurch dramatisch steigenden Emigrationsdruck nach Europa zu vermeiden, sei eine Erhöhung des Bildungsniveaus und eine Bekämpfung des Analphabetismus – insbesondere bei Mädchen. Tatsächlich ist auf diesem Gebiet in den letzten Jahren einiges geschehen, aber die Situation ist immer noch dramatisch. Mädchen darin zu bestärken, in qualifizierte Berufe zu gehen, sich auch mit Wissenschaft und Technik auseinanderzusetzen, ist für die Zukunft ganz besonders wichtig. Es geht dabei nicht nur um die Selbständigkeit und Zufriedenheit der jungen Frauen oder um die qualifizierte Arbeitskraft für die Wirtschaft. Es geht um Überbevölkerung, Hunger, Frieden und Migration, um die „grand challenges" in unserer Welt.

Fototeil

Josef und Regine Binder, 1870
Julius und Hermine Binder, geb. Weissenstein 1907
Anni mit Familie, Saalfelden 1921

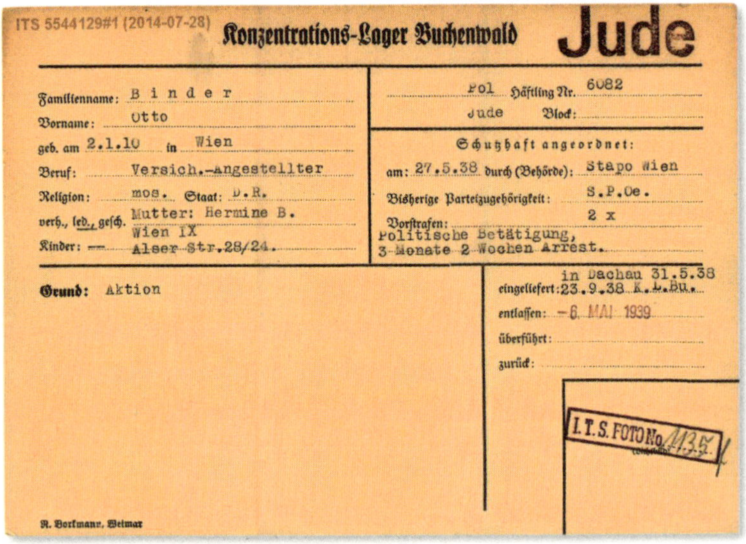

ITS 5544129#1 (2014-07-28)

Konzentrations-Lager Buchenwald **Jude**

Familienname: Binder
Vorname: Otto
geb. am 2.1.10 in Wien
Beruf: Versich.-Angestellter
Religion: mos. Staat: D.R.
verh., led., gesch. Mutter: Hermine B. Wien IX
Kinder: — Alser Str. 28/24.

Pol Häftling Nr. 6082
Jude Block:

Schutzhaft angeordnet:
am: 27.5.38 durch (Behörde): Stapo Wien
Bisherige Parteizugehörigkeit: S.P.Oe.
Vorstrafen: 2 x Politische Betätigung, 3 Monate 2 Wochen Arrest.

Grund: Aktion

eingeliefert: in Dachau 31.5.38 23.9.38 K.L.Bu.
entlassen: – 6. MAI 1939
überführt:
zurück:

I.T.S. FOTO No 1135

R. Borkmann, Weimar

KZ-Karteikarte Otto Binder, Buchenwald, 1939

Mit Anni und Otto, 1944

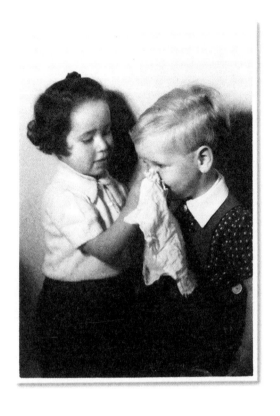

Margit und Tommy, Stockholm, 1946

Margit und Lennart, Wien, 1951

Anni, Wien, 1953

Lennart, Margit und Marianne, Wien, 1954

In der Mittelschule, Wien, 1956

Lignano, 1956

Hochzeit mit Heinz Fischer, 1968

Wildwasserzentrum der Naturfreunde an der Salza, 1973

Lisa, Margit und Philip, Hohe Wand, 1979

Mit Fidel Castro, Kuba, 1980

Mit Hertha Firnberg, Wien Minoritenplatz, 1985

Mit Jiří Hájek in der Josefstädterstraße, 1989

Renovierungsarbeiten auf der Hohen Wand, 1989

Niedere Tauern, Klasserkessel, mit Kindern, 1990

Im Parlament, 1990

Mit Philip und Lisa, Leobner, 1992

Bonn, Kunstmuseum, 1993

Angelobung von Nelson Mandela, Johannesburg, 1993

Segeltörn auf der Runag, Bodensee, 1993

Mit Birgitta Dahl und Hugo Portisch, Wien, 1995

Mit Peter Handke, Parlament, 1996

Mit Nane, Gattin von Kofi Annan, Wien, 1997

Mit Lea, Witwe von Jitzchak Rabin, und Hella Gertner, Wien, 1997

Am Grieskogel, 1999

Am Dach des Sultanpalastes in Sanaa, Jemen, 2001

Mit dem iranischen Staatspräsidenten Chātami, Rom, 2005

Im Science Center, Lissabon, 2005

Mit Heinz Fischer, 2005

Bei Mürzsteg, 2005

Opernball, 2006

Mürzsteg, 2007

Auf Burg Landskron, 2011

Staatsbesuch, Rom, 2011

Beim Lesen, 2013

Mit Königin Sophia, Madrid, 2013

Mit Shimon Peres, Wien, 2014

Mit Ban Soon-taek, Gattin des UN-Generalsekretärs, New York, 2013

Mit Barack und Michelle Obama, UN-Generalversammlung, New York, 2014

Mit Enkelin Anna im Wissens°raum im 10. Bezirk, 2014

Mit Hansjörg Mikesch beim Besuch der Ausstellung
Wirkungswechsel im Ringturm, 2014

Una, Julia und Anna, Toskana, 2015

IV
PARTNERSCHAFT – Was wir brauchen

Es wäre für mich als junge Frau fast unmöglich gewesen, meinem späteren Mann Heinz Fischer in Wien an der Wende von den 1950er zu den 60er Jahren nicht zu begegnen.

Zu sehr waren unsere Familien und Freundeskreise miteinander verwoben, zu ähnlich waren unsere Interessen. Unsere Väter, also mein Vater, Otto Binder, und sein Vater, Rudolf Fischer, kannten sich schon lange. Dazu kamen viele gemeinsame Bekannte von Bruno Kreisky über Bruno Pittermann bis Alfred Migsch, etc. Wenn ich mich richtig erinnere, habe ich Heinz das erste Mal bewusst wahrgenommen, als er in der Gruppe Döbling des Verbandes Sozialistischer Mittelschüler, dem ich gemeinsam mit Peter Kreisky angehörte, einen Vortrag hielt. Ich muss schon sagen, dass ich vom Vortrag und vom Vortragenden nicht unbeeindruckt war. Damals gab es in der SPÖ in der Löwelstraße eine „Sozialistische Bildungszentrale", die über eine ziemlich große Kartei von Persönlichkeiten der verschiedensten Alters- und Berufsgruppen verfügte, die bereit waren in SPÖ-Organisationen kostenlos Vorträge zu bestimmten Themen zu halten. Heinz Fischer gehörte zu den jüngeren Referenten der SBZ, ähnlich wie Karl Blecha, Heinz Nittel, Helmut Braun, Peter Strasser, Erwin Lanc und viele andere. Jeder dieser Referenten hatte bestimmte Themen gelistet, zu denen er bereit war ein Referat zu halten. Somit konnte man einen Referenten und gleichzeitig auch eines „seiner" Themen wählen. Heinz Fischer hatte eine umfangreiche, interessante, teilweise nahezu exotische Liste für Referate: zum Beispiel „Die Geschichte der Ersten Republik" oder „Wie kam es zum 12. Feber 1934?", oder „Grundzüge der Österreichischen Verfassungsordnung", oder „Die Programme der Österreichischen Sozialdemokratie seit Hainfeld"; aber auch „Bebel, Lassalle und Kautsky" oder „die Chinesische Revolution" etc. Sogar einen Vortrag zur „Entwicklung des Jazz an Hand von Plattenbeispielen" konnte man bestellen. Das Thema, das er damals bei unserer allerersten Begegnung hielt, lautete so ähnlich wie „Von der Russischen Revolution zu den Moskauer Prozessen."

Wir trafen uns dann gelegentlich bei sogenannten „Zentralen Veranstaltungen", wo Sozialdemokratische Mittelschüler, Studenten und die Gewerkschaftsjugend teilnahmen oder am 1. Mai auf der Ringstraße, und auch bei gemeinsamen Wanderungen. Es entstand ein freundschaftliches Verhältnis, aber „gefunkt" hat es noch nicht richtig. Ich wusste außerdem, dass Heinz in dieser Zeit mit Johanna Broda befreundet war, die heute in Mexiko als Universitätsprofessorin lebt und mit der wir nach wie vor Kontakt haben. Eines Tages lud er mich ins Akademietheater ein; Heinz arbeitete inzwischen als Sekretär im SPÖ-Parlamentsklub und erzählte mir überaus interessant über seine Arbeit und die Probleme in der damaligen Koalitionsregierung. In dieser Zeit erfuhr ich auch Näheres über seine Familie.

Heinz wurde – so wie ich – in eine sozialdemokratisch geprägte Familie hineingeboren. Seine Schwester Edith, die ungefähr so alt ist wie ich, beendete gerade das Studium der Altphilologie und Archäologie. Sein Vater, Rudolf Fischer (geboren 1908), trat schon als 16-Jähriger in die SDAP ein und als er in Wien Rechtswissenschaft studierte, wurde er – so wie später sein Sohn – auch Mitglied der Sozialistischen Studenten (VSStÖ). Nach Abschluss seines Studiums verdiente er sich zunächst seinen Lebensunterhalt durch Latein- und Griechisch-Nachhilfestunden. Eine seiner „politischen Leidenschaften" war damals die Kunstsprache Esperanto. Er war so wie viele andere Esperanto-Freunde davon überzeugt, dass die Gefahr von Kriegen in Europa wesentlich reduziert werden könnte, wenn möglichst viele Europäer sich durch eine gemeinsame Sprache verständigen könnten. Rudolf Fischer war nicht nur ein großer Freund dieser Sprache, er war auch Esperanto-Lehrer in seinem damaligen Wohnort Wiener Neustadt. Eine seine Schülerinnen, Emmy Königsberger, wurde später seine Frau. Übrigens war auch der spätere Bundespräsident Franz Jonas ein überzeugter Esperantist und Esperanto-Lehrer; er und Rudolf Fischer kannten sich von daher schon seit den frühen 1930er Jahren.

Nach etlichen Jahren der Arbeitslosigkeit erhielt Rudolf Fischer im Jahre 1933 eine Stelle als Jurist beim Magistrat der Stadt Graz. Er fand eine kleine Wohnung in Graz, übersiedelte dorthin und konnte nun auch seine Verlobte Emmy Königsberger heiraten. 1938 kam dann in Graz Heinz zur Welt. Dass er aber in Wien aufwuchs, „verdanke ich" – wenn man das überhaupt so sagen darf – den Nationalsozialisten.

Der Anteil der Nationalsozialisten in Graz war bekanntlich überproportional groß und Graz bekam in der NS-Zeit den berüchtigten „Ehrentitel" als „Stadt der Volkserhebung". Mein späterer Schwiegervater war erstens als Sozialdemokrat bekannt und zweitens hatte er zwar eine – nach damaliger Terminologie – „arische" Mutter, aber einen jüdischen Vater; zwei Nachteile in den Augen der Nazis. Er wurde ohne Federlesens vom Grazer Magistrat gekündigt und einige Zeit später musste er auch die Wohnung räumen. Rudolf Fischer stand also mit seiner Frau und einem Baby ohne Arbeitsplatz und ohne Wohnung gewissermaßen „auf der Straße". In dieser Situation bewährte sich die jüngere Schwester meines Schwiegervaters, Wilhelmine (Tante Mini). Sie hatte Otto Sagmeister geheiratet, einen Angestellten der Konsum- und Genossenschaftsbewegung. Sie hatten zu diesem Zeitpunkt zwei Kinder, Gerda (geb. 1936)und Lisbeth, die genauso alt wie Heinz war. Die Sagmeisters wohnten in einem Haus in der Jagdschlossgasse in Hietzing. In diesem Haus fand die Familie Fischer während der Nazi-Zeit Unterkunft. Da die Sagmeister's 1941 noch einen Sohn (Kurt) und die Fischer's 1942 noch eine Tochter (Edith) bekamen, wuchsen die fünf Sagmeister- und Fischer-Kinder gemeinsam im Haus und im Garten auf, was über das verwandtschaftliche hinaus eine lebenslange Freundschaft zur Folge hatte. Lisbeth Sagmeister ist allerdings 1993 an einer heimtückischen und unheilbaren Krankheit gestorben.

Rudolf Fischer hatte in Wien nicht nur eine Wohnmöglichkeit gefunden, sondern nach langen Bemühungen auch einen Arbeitsplatz als Versicherungsmakler bei einer kleinen Privatversicherung. Otto Sagmeister hatte zu der Zeit – soviel ich weiß – einen Arbeitsplatz bei einer Nachfolgeeinrichtung des Konsum in Leobersdorf. Als sich ein Ende des Zweiten Weltkrieges abzuzeichnen begann, gleichzeitig aber die Bombenangriffe auf Wien stärker wurden, bedeutete das das Ende der „Wohngemeinschaft" in der Jagdschlossgasse. Heinz und Edith Fischer wurden zunächst von ihren Eltern aus Angst vor den Bomben zu einer Cousine von Emmy Fischer (der Tante Sali) geschickt, die als verwitwete Bäuerin in Pamhagen in einem kleinen Bauernhaus mit gestampften Lehmboden und einem Strohdach wohnte und ebenfalls zwei Kinder hatte. Als die Front näher rückte, übersiedelte die Mutter von Heinz mit ihren beiden Kindern ins westliche Niederösterreich nach Loich an der Pielach zu einer Bäuerin, deren Mann damals eingerückt war und – wie sich später herausstellte – aus dem Krieg nicht mehr zurückkehrte. Mini Sagmeister übersiedelte mit ihren drei Kindern ebenfalls in diese Gegend, und zwar nach Türnitz. Türnitz und Loich liegen nur ca. 10 km Luftlinie voneinander entfernt, man konnte sich also gegenseitig besuchen und Informationen, aber auch Nahrungsmittel austauschen, wenn die eine Familie von „ihrer Bäuerin" gerade ein Stück Fleisch und die andere Familie eine Steige Obst bekommen hatte.

Rudolf Fischer und Otto Sagmeister blieben zunächst in Wien. Als sie dann in der allerletzten Phase des längst verlorenen Krieges zum Volkssturm eingezogen werden sollten und wussten, dass sie nur sinnloses „Kanonenfutter" sein würden, tauchten beide unter und versteckten sich. Otto Sagmeister meldete sich bald nach Kriegsende bei Karl Renner, der ihm zunächst Aufgaben in der Genossenschaftsbewegung zuteilte. Von 1947–1949 war Otto Sagmeister dann in der Regierung Figl Bundesminister für Volksernährung. Er leitete anschließend erfolgreich die große Konsumgenossenschaft Wien und war Mitglied im Generalrat der Österreichischen Nationalbank. Otto Sagmeister verstarb im Jänner 1985.

Auch die Familie von Rudolf Fischer kehrte einige Wochen nach Kriegsende nach Wien zurück, zunächst – mangels Alternative – neuerlich in die Wohngemeinschaft mit den Sagmeister's. Anfang 1946 bekam Rudolf Fischer jedoch eine kleine Mietwohnung in Hietzing in der Veitingergasse zugewiesen. Die Veitingergasse ist von der Jagdschlossgasse nur wenige hundert Meter entfernt, sodass die

Fischer-Kinder und die Sagmeister-Kinder ihre Spielgemeinschaft weiter aufrechterhalten konnten. Rudolf Fischer wurde in Wien in den Öffentlichen Dienst aufgenommen und zwar 1945 zunächst im Ernährungsministerium (zwei Jahre bevor Otto Sagmeister Ernährungsminister wurde) und anschließend im Innenministerium. 1954 wurde er in der Regierung Raab/Schärf zum Staatssekretär im damaligen Bundesministerium für Handel und Wiederaufbau ernannt (dieser Bundesregierung gehörte auch Bruno Kreisky als Staatssekretär im Außenministerium an). Nach den Wahlen des Jahres 1956 schied er aus der Bundesregierung aus und übernahm mit 1. Jänner 1957 als Sektionschef die Präsidialsektion des damals sehr großen und wichtigen Bundesministeriums für Verkehr und Verstaatlichte Unternehmungen unter der Leitung von Bundesminister Karl Waldbrunner. Die „Verstaatlichte" war damals außerordentlich wichtig. Und das „Königreich Waldbrunner" – wie dieses Ministerium damals genannt wurde – war nicht nur für die Verstaatlichte Industrie, sondern auch für die Bahn, die Energiewirtschaft, die Post, die Luftfahrt, die Schifffahrt und das Seilbahnwesen zuständig.

Nun zurück zu meinen damaligen Kontakten zu Heinz Fischer: In den Jahren 1965 und 1966 sind die Begegnungen zwischen Heinz und mir wieder seltener und sporadischer geworden. Nach Abschluss der Textilfachschule arbeitete ich als Dessinateurin bei den Pottendorfer Textilwerken in Niederösterreich und gleichzeitig hatte ich den Vorbereitungskurs zur Meisterprüfung in der Wirtschaftskammer belegt. Die Meisterprüfung für das Webergewerbe legte ich 1966 ab.

Im August 1966 habe ich einen schweren Bergunfall erlitten. Wir wollten in einer Vierergruppe, der Heinz nicht angehörte, den Tauern Höhenweg nach Westen gehen und waren von der Preintaler Hütte zur Gollingscharte aufgestiegen. Beim Abstieg auf der anderen Seite der Gollingscharte rutschte ich in einer Sekunde der Unachtsamkeit mit meinem schweren Rucksack auf einem Schneefeld aus, stürzte ab und blieb in einer Felsspalte stecken. Als ich aus der Bewusstlosigkeit erwachte, hatte ich eine Kopfverletzung und ein gebrochenes Sprunggelenk. Da es damals noch keine Rettungshubschrauber gab, dauerte es acht lange Stunden, bis ich auf dem Operationstisch im Spital in Tamsweg lag. Die Drahtschlingen, die damals bei der Operation verwendet wurden, um mein zertrümmertes Sprunggelenk zu fixieren, habe ich bis heute im Fuß. In den nachfolgenden Monaten und Jahren hat mich mein Sprunggelenkt fast nicht behindert und ich konnte wieder Bergtouren machen, aber in den letzten Jahren haben die Probleme und Schmerzen im linken Fuß wieder zugenommen. Und wenn ich heute mit meinem Mann oft Hand in Hand gehe, dann ist das einerseits ein Zeichen der Vertrautheit und Harmonie, aber andererseits auch eine „Unterstützung" im wahrsten Sinne des Wortes.

Dieser Bergunfall lag gerade einige Monate hinter mir, als sich Ende 1966 die Möglichkeit ergab, in Stockholm bei der international bekannten Textilmanufaktur Märta Måås-Fjetterström zu arbeiten. Ich habe dieses Angebot angenommen und bin am 5. Jänner 1967 nach Stockholm gereist.

Am 3. Februar 1967 bekam ich einen Brief von meinem Vater aus Wien, der mit 1. Februar datiert war und in dem er mir schrieb: „Heinz Fischer hat sich nach Dir erkundigt und ich habe ihm versprochen, ihm Deine Adresse in Schweden zu geben. Er wusste von Deiner Abreise nichts. Jetzt hat er mich im Vorbeigehen gerade gemahnt …" Dieser Brief hatte eine bemerkenswerte Vorgeschichte. Am 6. März 1966 fanden bekanntlich jene Nationalratswahlen statt, bei denen die ÖVP unter der Führung von Josef Klaus eine absolute Mehrheit im Parlament erzielte. Die SPÖ unter der Führung von Bruno Pittermann hatte analog dazu eine schwere Niederlage erlitten, was innerhalb der SPÖ eine Diskussion darüber auslöste, ob die SPÖ trotz dieser geschwächten Position neuerlich in eine Koalitionsregierung mit der ÖVP eintreten sollte. Die Mehrheit der damaligen Parteiführung mit Pittermann, Waldbrunner, Slavik, Probst, etc. an der Spitze plädierte für eine Oppositionsrolle.

Dem gegenüber kämpfte Kreisky vehement gegen den Weg in die Opposition und für eine weitere Regierungsbeteiligung mit dem Hinweis auf die Entwicklungen in der Ersten Republik und dem Argument, dass die Österreichische Sozialdemokratie schon 1920 nach einer Wahlniederlage den Weg in die Opposition gewählt habe und dann aus der Opposition nicht mehr herausgefunden habe. Schließlich kam es im Parteivorstand der SPÖ zu einer der eher seltenen „Kampfabstimmungen", die eine deutliche Mehrheit für den Gang in die Opposition erbrachte. Damit waren die eigentlichen Probleme aber noch nicht gelöst, denn die eigentlichen Probleme waren eine politische, programmatische und personelle Erneuerung der Österreichischen Sozialdemokratie. Und wie so oft in der Politik steckten auch damals sachliche Gegensätze hinter Namens- und Personenfragen. Kreisky hatte die Auseinandersetzung um eine Regierungsbeteiligung verloren. Umso mehr strebte er jetzt – aus der Position des niederösterreichischen SPÖ-Landesparteivorsitzenden und mit dem Prestige des ehemaligen Außenministers – eine inhaltliche Erneuerung an und ließ auch Gerüchte und Zeitungsberichte, er sei an der Übernahme des Parteivorsitzes interessiert, unwidersprochen.

Für Anfang Februar 1967, also knapp 11 Monate nach der Wahlniederlage vom 6. März 1966, wurde der nächste Ordentliche Parteitag der SPÖ einberufen. Bruno Pittermann war zunächst offenbar der Meinung, sich – zumindest für eine Übergangsperiode – noch an der Parteispitze halten zu können. In seinem Umfeld wurde dieser Standpunkt zumindest mehrheitlich unterstützt. Je näher der Parteitag aber heranrückte, umso mehr setzte sich die Überzeugung durch, dass man eine Erneuerung der Sozialdemokratie nicht auf die lange Bank schieben dürfe und dass diese Erneuerung unter dem bisherigen Vorsitzenden nicht gelingen werde. Aber wer sollte ihn ablösen? Eine Möglichkeit lag bereits auf dem Tisch, nämlich die Wahl von Bruno Kreisky, der allerdings keineswegs unumstritten war.

Sehr spät – und wie sich herausstellte zu spät – schlug Bruno Pittermann den Landeshauptmannstellvertreter von Niederösterreich Hans Czettel, damals ein junger, sympathischer Politiker und Gewerkschafter aus Ternitz, der nach dem Sturz von Franz Olah auch kurze Zeit das Innenministerium geleitet hatte, als Kandidaten für das Amt des Parteivorsitzenden vor. Czettel war 18 Jahre jünger als Pittermann und 12 Jahre jünger als Kreisky und so wurde vor allem das Argument der „Verjüngung der Partei" zu seinen Gunsten ins Treffen geführt. Aber er hatte nicht das Prestige und die Ausstrahlung und das intellektuelle Potential des langjährigen Außenministers Bruno Kreisky. In dieser Situation trat am 31. Jänner und am 1. Februar der Parteitag der SPÖ zusammen und sowohl mein Vater als auch Heinz Fischer waren Delegierte am Parteitag.

Den erwähnten Brief, den mir mein Vater am 1. Februar 1967 vom Parteitag nach Stockholm geschrieben hat – nur Stunden vor der Wahl von Bruno Kreisky zum Parteivorsitzenden, erhielt ich am 3. Februar. Schon am 4. Februar traf ein weiterer Brief ein, den mir Heinz am 2. Februar geschrieben hat. Dieser Brief begann mit den Worten: „Liebe Margit! Ich habe gestern am Parteitag Deinen Vater getroffen und er hat meine Frage nach Dir mit einigen überraschenden Antworten beantwortet – vor allem, dass Du in Schweden bist und gar nicht sicher ist, wie lange Du bleiben wirst …" usw.

Ich gebe zu, dass ich mich sehr gefreut und umgehend geantwortet habe und ebenso umgehend wieder eine Antwort auf meine Antwort erhielt und so entwickelte sich eine intensive Korrespondenz zwischen Wien und Stockholm. Etwa zwei Monate später schrieb mir Heinz, dass die SPÖ beschlossen habe, den Zentralsekretär der Partei Leopold Gratz und den Klubsekretär Heinz Fischer gemeinsam nach London zu schicken, um einerseits die politischen Kontakte zur Labour-Party zu stärken und andererseits die Oppositionsrechte im Britischen Parlament zu studieren. Er würde die Reise gerne so planen, dass die Mission an einem Freitag beendet sei, wobei er dann nicht direkt nach Wien zurückfliegen, sondern das Wochenende in Stockholm verbringen könnte.

Und so geschah es auch. Wir verbrachten ein wunderschönes Wochenende im Haus guter Freunde auf Adelsö am Ufer des Mälaren, das sie mir geborgt hatten und ich konnte damit beginnen, meine Schweden-Sympathie auf Heinz zu übertragen.

Bald darauf habe ich mich entschlossen, nach Wien zurückzukehren und mir eine Arbeit zu suchen. Nach einigen Überlegungen schrieb ich einen Brief an das Kunsthistorische Museum, ob sie mir einen Arbeitsplatz anbieten können, bei dem ich meine Fachkenntnisse im Textilbereich einbringen kann. Ich dachte insbesondere an Restaurierarbeiten. Erwin Neumann vom Kunsthistorischen Museum war bei einem Vorstellungsgespräch sehr freundlich und positiv. Er meinte, dass Dora Heinz im Museum für Angewandte Kunst seiner Meinung nach die beste Adresse für mich sei und rief sie auch gleich an, sodass ich auf der Stelle zu ihr ins MAK fuhr. Dora Heinz bot mir tatsächlich einen – wenn auch niedrig eingestuften – Arbeitsplatz in der Textilabteilung des Museums für Angewandte Kunst an. Ich begann also am 1. September 1967 im MAK zu arbeiten und möchte die Gelegenheit gerne benutzen, um die leider schon verstorbene Frau Professor Heinz als besonders sachkundige, tüchtige, liebenswürdige und menschliche Vorgesetzte zu würdigen. Ihre Arbeit und ihre Publikationen zeichnen sich durch höchstes Niveau aus und ich habe viel von ihr gelernt. Sie „infizierte" mich auch mit der Freude am wissenschaftlichen Arbeiten. Heute noch schlägt mein Herz vor Freude höher, in Restaurierung befindliche oder gerade kunstvoll fertig gestellte Objekte in Österreich oder im Ausland bei Besuchen in Museen besichtigen zu können.

Zu dieser Zeit wohnte ich noch bei meinen Eltern in Döbling und Heinz im „Hotel Mama" bei seinen Eltern in der Lainzer Straße. Seine Eltern waren gerade im Begriff sich

– für die Zeit des Ruhestandes meines Schwiegervaters – ein kleines Haus auf der Hohen Wand in etwa 900 m Seehöhe zu bauen. Ich konnte meine Ratschläge in die Einrichtung dieses Hauses einbringen und wir haben es in den folgenden Jahren und Jahrzehnten sehr geliebt und intensiv genutzt. Wir haben später auch häufig Gäste auf die Hohe Wand eingeladen und die Gästeliste reichte – im Laufe der Jahre – von Kardinal König über zahlreiche Regierungsmitglieder, Klubvorsitzende, aber auch Gewerkschafter wie Anton Benya mit seiner liebenswürdigen Frau Hilde und Rudolf Sallinger, dem langjährigen Präsidenten der Bundeswirtschaftskammer und „Benya-Zwilling" bis zu Schriftstellern und Künstlern, Journalisten, etc. Auch Gäste aus dem Ausland haben wir gerne und häufig auf die Hohe Wand eingeladen. Der diplomatisch heikelste Besuch fand wahrscheinlich in den 90er Jahren statt, als Heinz schon Präsident des Nationalrates war und sich in den Kopf setzte, den Botschafter von China sowie die Botschafter von Nordkorea und von Südkorea samt Ehegattinnen gleichzeitig zu einem Essen auf die Hohe Wand einzuladen. Die Botschafter mussten jeweils bei der Zentrale in ihren Hauptstädten nachfragen, ob sie eine solche Einladung überhaupt annehmen dürfen und es hat eine Korrespondenz gegeben, die sich über einige Monate erstreckte. Aus einem Besuch im September ist ein Besuch im Winter und aus einer Herbstwanderung ist eine Schneewanderung geworden, aber ich hatte den Eindruck, dass es für alle Beteiligten interessant und informativ war. Fast ein Dauergast war der russische Botschafter Valeri Popow, der von 1990 bis 1996 in Wien war. Er hatte an den 2-plus-4-Verhandlungen nach dem Fall der Berliner Mauer teilgenommen und hat uns immer wieder in seine riesige, aber leere Villa in Purkersdorf eingeladen. Er konnte enorm interessant über die Entwicklungen in der Sowjetunion und in Russland erzählen, doch er war schwermütig und von slawischer Melancholie. Manchmal, wenn er bei uns auf der Hohen Wand war und auch unsere Kinder, die er sehr mochte, dabei waren, hatten wir den Eindruck, dass er am liebsten gar nicht mehr wegfahren würde. Aber auch amerikanische, schwedische, deutsche oder britische Freunde z.B. der leider schon verstorbene britische Außenminister Robin Cook besuchten uns in dem kleinen Haus auf der Hohen Wand, das wir in Zukunft wieder häufiger nutzen werden.

Doch zurück in den Herbst 1967. Ich hatte also eine feste Anstellung in Wien und Heinz arbeitete nach wie vor mit großer Begeisterung und Intensität im Parlament. Kreisky war Parteivorsitzender und Oppositionsführer. Aber während manche zunächst fürchteten, dass durch diese Mehrheitsentscheidung des Parteitages ein tiefer Riss durch die SPÖ gehen würde, der kaum zu kitten sei, streckte Kreisky in kluger und versöhnlicher Weise die Hand zu seinen früheren Kontrahenten aus. Er machte Bruno Pittermann den Vorschlag, Klubobmann im Parlament zu bleiben, setzte gegenüber Anton Benya viele positive Gesten, die eine wirkliche Aussöhnung zwischen ihm und Benya und damit auch zwischen dem SPÖ-Vorsitzenden und dem ÖGB zur Folge hatten, respektierte Karl Waldbrunner als eine Art Graue Eminenz in der SPÖ, der dann nach dem ersten Wahlsieg Kreiskys 1970 Nationalratspräsident wurde und ließ auch Hans Czettel nicht oder möglichst wenig spüren, dass er beim Parteitag als Gegenkandidat angetreten war. Meine Beziehungen, Gespräche und Kontakte mit

Heinz intensivierten sich und unser Freundeskreis nahm zur Kenntnis, dass wir zusammengehörten. Es störte mich nicht, dass sich ein beträchtlicher Teil unserer Gespräche um Fragen der Politik drehte – ganz im Gegenteil, es interessierte mich außerordentlich, aber es gab natürlich auch viele andere interessante Gesprächsthemen und gemeinsame Interessen. Die Zahl unserer gemeinsamen Besuche in Museen, Konzerten oder Theaterabende nahm stetig zu und ich spürte bald, dass Heinz „über alles" mit mir reden konnte und wollte und an meinen Einschätzungen sehr interessiert war. Im Sommer 1968 verbrachten wir einen gemeinsamen Wander- und Bergsteigerurlaub im Defreggental in Osttirol. Und auch das war ein Bereich, der uns enorm zusammenschweißte. Wir liebten und lieben beide die Berge und genossen die vielen Tourenmöglichkeiten in Osttirol. Später, in den 80er Jahren haben wir fünf oder sechs Jahre hindurch mit unseren Kindern Sommerurlaube in Osttirol auf einem Bauernhof in Obermauern im Virgental verbracht. Da auch meine Eltern und meine Schwester mit ihrem Mann und ihrer ältesten Tochter dabei waren, konnten wir ausgedehnte Bergtouren machen, während meine Eltern bei den Kindern blieben. Noch in allerjüngster Zeit, im August 2015, haben wir auf der Wetterkreuzhütte und auf der Zupalseehütte im Virgental Erinnerungen an die Osttiroler Bergwelt wachgerufen und anschließend wieder unsere früheren Gastgeber, die Familie Lang, besucht.

Bis zu unserem Sommerurlaub in Osttirol im Sommer 1968 war von Hochzeit nicht die Rede gewesen, aber an einem heißen Sonntag Mitte August nach unserer Rückkehr aus Osttirol gingen wir gemeinsam in das Neuwaldegger Bad. Im Anschluss daran schlug Heinz vor, im Schloss Laudon, wo es damals einen Restaurantbetrieb gab, einen Kaffee zu trinken. Er bestellte zwei Eiskaffee und machte mir während des Umrührens den Vorschlag zu heiraten.

Ich war nicht völlig unvorbereitet und stimmte gerne zu. Schon am nächsten Tag nahmen wir unsere Kalender zur Hand und erkundigten uns im zuständigen Standesamt Hietzing/Penzing nach dem frühesten Hochzeitstermin. Dies war der 20. September 1968 und an diesem Tag haben wir auch geheiratet.

Für meine und seine Eltern, die ja nicht ahnungslos waren, war das eine gute Entscheidung. Meine damals 15-jährige Schwester hatte – soweit ich mich erinnere – keine Einwendungen und mein damals 20-jähriger Bruder – ein Jus-Student – gab keinen Kommentar ab. Die Hochzeitsvorbereitungen waren unkompliziert. Wir heirateten – wie gesagt – standesamtlich und unsere Trauzeugen waren sein, bzw. unser Freund und Bergsteigerkamerad Heinz Kienzl, damals ein enger Mitarbeiter von Anton Benya und später Generaldirektor der Österreichischen Nationalbank, und Thomas Lachs, der ebenfalls eine Gewerkschafts- und eine Nationalbankkarriere hatte und dessen Mutter Minna Lachs meine hochgeschätzte Mittelschuldirektorin in der Haizingergasse war. Das einzige was mich damals – halb im Spaß, halb im Ernst – ein wenig irritierte, war das altmodische Eherecht. Nach damaliger Rechtslage war der Mann „Oberhaupt der Familie" und die Frau war angehalten „seine Anordnungen zu befolgen und befolgen zu machen". Außerdem war sie bei vielen wichtigen Entscheidungen an seine Zustimmung gebunden. Ich habe es daher Heinz immer hoch angerechnet, dass er einige Jahre später als Parlamentarier nicht nur die Strafrechtsreform, sondern auch die Familienrechtsreform seines Freundes Christian Broda nachhaltig unterstützte und im Nationalrat aus Überzeugung für die Abschaffung dieser Privilegien der Ehemänner stimmte.

Die Wochen vor unserer Hochzeit waren durch die Ereignisse des Prager Frühlings überschattet. Am 21. August 1968 waren wir gerade auf der Hohen Wand, als um vier Uhr früh das Telefon läutete und Christian Broda mitteilte, Truppen des Warschauer Paktes hätten mit Panzern die Grenze zur Tschechoslowakei überschritten. Die befürchtete gewaltsame Niederschlagung des Prager Frühlings hatte begonnen. Das war nicht nur ein außerordentlich trauriges Ereignis, sondern es war auch ein Ereignis von größter politischer Relevanz für Österreich, wenn es in einem Nachbarland und daher an den Grenzen zu Österreich unberechenbare und mit militärischer Gewalt verbundene Ereignisse gab. Heinz fuhr gleich in der Früh nach Wien zurück und nahm Kontakt mit Bruno Kreisky auf. Heinz und ich hatten schon den ganzen Sommer über Kontakt mit Freunden in der Tschechoslowakei gehabt, die den Kurs von Alexander Dubček unterstützten und sich in den letzten Wochen zunehmend bedroht gefühlt hatten. Tatsächlich sind viele von ihnen über die Grenze nach Österreich gekommen und ein befreundetes Ehepaar haben wir für einige Zeit in der Wohnung meiner Eltern in Döbling untergebracht. Auch um andere bedrohte Persönlichkeiten oder Emigranten wie Jiří Hájek, Ota Šik, (der dann meines Wissens in die Schweiz ging), Přzemysl Janýr, etc. haben wir uns gekümmert. Alexander Dubček, die Führungsfigur des Prager Frühlings, wurde entmachtet und zunächst als Botschafter nach Ankara entsandt, ehe er völlig in der politischen Versenkung verschwand, indem er – ständig unter polizeilicher Aufsicht und Beobachtung – als Angestellter in das Stadtgartenamt von Bratislava „verräumt" wurde. Wir konnten damals nicht ahnen, dass Alexander Dubček 21 Jahre später an einem zweiten Prager Frühling, nach dem Fall der Berliner Mauer, führend beteiligt sein sollte und das Amt des Parlamentspräsidenten in Prag übernehmen sollte. Aus der beruflichen Zusammenarbeit zwischen Heinz und Alexander Dubček entstand bald eine persönliche Freundschaft. Wir haben ihn nicht nur offiziell nach Österreich – z.B. zu den Salzburger Festspielen – eingeladen, sondern sind auch halboffiziell oder privat öfters in Wien oder in Bratislava mit ihm zusammengetroffen. Heinz hatte die Ehre beim 70. Geburtstag von Alexander Dubček die Festrede und – relativ kurze Zeit später – die traurige Pflicht, bei seinem Begräbnis die Trauerrede zu halten. Ich werde den oft sehr nachdenklichen, klugen und melancholischen Alexander Dubček immer in guter Erinnerung behalten.

Die Vorbereitungen für unsere kurzfristig anberaumte Hochzeit waren unkompliziert, aber ein Problem schien sich nicht so rasch lösen zu lassen: das Finden einer gemeinsamen Wohnung. Gerade da kam uns ein erfreulicher Zufall zu Hilfe. Heinz war damals mit Karl Blecha schon 15 Jahre lang eng befreundet; Karl – in Währing aufgewachsen – bewohnte, nachdem er geheiratet hatte, eine kleine Genossenschaftswohnung in Hietzing, weit oben in der Veitingergasse, in der Nähe des Lainzer Tiergartens. Nachdem die Blechas Nachwuchs bekommen hatten, suchte Karl eine größere Wohnung und fand sie in der Großfeldsiedlung; genau zum Zeitpunkt unserer Hochzeit wurde dadurch seine bisherige Wohnung in der Veitingergasse frei. Er hat uns der Genossenschaft als

Nachfolger vorgeschlagen und so konnten wir kurzfristig die Wohnung von Karl Blecha übernehmen. Unsere Hochzeitsreise führte uns zuerst mit dem Auto nach Südtirol zu Bergwanderungen und dann (nicht sehr originell, aber sehr schön) nach Venedig. Wir blieben in Venedig nur wenige Tage, leisteten uns dafür aber das vornehme Hotel Danieli und hatten Glück, dass wir außer unseren Reisepässen (die ja noch auf getrennte Namen lauteten) auch unsere Heiratsurkunde mit hatten, denn ohne dieses Dokument hätten wir damals mit Reisepässen, die auf verschiedene Namen ausgestellt waren, in diesem Hotel nur getrennte Zimmer beziehen können.

Heinz war zum Zeitpunkt unserer Eheschließung knapp Dreißig und ich hatte gerade meinen 25. Geburtstag hinter mir. Wir wünschten uns beide Kinder, aber ich hatte leider hintereinander zwei Fehlgeburten. Wir begannen uns auf die Möglichkeit einer kinderlosen Ehe einzustellen. Und für ein kinderloses berufstätiges Ehepaar, war die kleine Wohnung in der Nähe des Lainzer Tiergartens auf Dauer doch nicht ideal. Der Weg zum Parlament mit öffentlichen Verkehrsmitteln erforderte die Benutzung eines im Halbstunden-Takt fahrenden Autobusses, dann die Straßenbahnlinie 60, die Benutzung der Stadtbahn und zuletzt einige Stationen mit einer Ringlinie der Straßenbahn. 1971 fanden wir eine Wohnung im 3. Stock eines Hauses in der Josefstädterstraße. Es war (und ist) eine Wohnung vis-à-vis vom Theater in der Josefstadt, in einem Haus, in dem sich jahrzehntelang im Parterre straßenseitig ein Kaffeehaus befand, welches das Lieblingscafé von Max Adler war und in dessen Hof sich zu Beginn des 20. Jahrhunderts das Atelier von Gustav Klimt befand. Mein Mann besitzt Kopien von Briefen, die Gustav Klimt an das Ministerium für Cultus und Unterricht gerichtet hatte und in denen „Josefstädterstraße 21" als Absender aufscheint. Anfang 1972 bezogen wir die Wohnung in diesem Haus, und – siehe da – im November 1972 kam unser Sohn Philip zur Welt, gefolgt von unserer Tochter Lisa, die im Juni 1975 geboren wurde.

Im Herbst 1971, wurde mein Mann erstmals in den Nationalrat gewählt. Er hatte zu diesem Zeitpunkt knapp zehn Jahre als Sekretär der SPÖ-Parlamentsfraktion gearbeitet (mit Wolfgang Schüssel und Erhard Busek als Vis-à-vis im Parlamentsklub der ÖVP) und hatte ab seiner Wahl für die nächsten vier Jahre eine – in Deutschland selbstverständliche – Doppelfunktion als Fraktionssekretär und Abgeordneter, ehe er im Herbst 1975 über Vorschlag von Bruno Kreisky zum Klubobmann der SPÖ-Parlamentsfraktion gewählt wurde. Wenn ich die politischen Funktionen meines Mannes in eine zeitliche Relation zu meinem eigenen Leben setze, dann ist er Ende 2015 seit 54 Jahren, nämlich seit 2. Jänner 1962 hauptberuflich politisch tätig, wobei ich mehr als 47 dieser 54 Jahre als Ehefrau an seiner Seite stand.

Bald nach Beginn seiner Zeit als Abgeordneter zum Nationalrat habe ich meine Berufstätigkeit im MAK aufgegeben und auf der Universität Kunstgeschichte inskribiert. Schließlich brach ich aber das Studium ab. Die 3fach Belastung, nämlich Familie, Beruf und die Tätigkeit an der Seite meines Mannes wäre auf Dauer nicht zu schaffen gewesen. Wir waren sehr, sehr viel in ganz Österreich kreuz und quer unterwegs. Beide waren wir begeisterte Autofahrer und liebten unsere Alfa Romeo Giulia 1600. Aber die Bezirkskonferenzen, Tagungen, 1. Mai-Veranstaltungen, Wahlkampfveranstaltungen auf Bundes- und Landesebene, aber auch seine Vorlesungstätigkeit an der Universität Innsbruck, im Bereich der Politikwissenschaft, sowie seine mehr als 30-jährige Tätigkeit als Präsident der Naturfreunde summierten sich damals – auch wenn wir abwechselnd chauffierten – zu enormen Kilometerleistungen. Dazu kam, dass mein Mann im Rahmen der Interparlamentarischen Union, mit bilateralen Parlamentsdelegationen, einige Zeit auch als Ersatzmitglied des Europarates und als Delegierter zur OSZE-Parlamentarierkonferenz und nicht zuletzt bei Konferenzen der Sozialistischen Internationale auch viel im Ausland unterwegs war. Und wenn es möglich und erwünscht war, habe ich ihn dabei gerne begleitet. In dieser Phase seiner politischen und parlamentarischen Tätigkeit gehörten wir immer zur Gruppe der „Jüngeren" im Kreise von Politikern und Parlamentariern. Viele seiner, bzw. unserer Gesprächspartner gehörten demnach zur „Vätergeneration", von denen man lernen konnte und für deren Biografien und Lebenserfahrungen Heinz sich immer interessierte. Die Grenzen zwischen den verschiedenen Parteien oder den „politischen Familien" – wie man häufig sagt – waren damals deutlicher als heute. Dennoch erinnere ich mich, dass mein Mann nicht nur immer wieder aus der aktiven Politik ausgeschiedene Persönlichkeiten aus der SPÖ besuchte, wie Rosa Jochmann, Maria Emhart, Rudi Pöder, Anton Benya, Karl Steinocher und viele andere, sondern auch ÖVP-Politiker wie Hermann Withalm in Wolkersdorf, Josef Klaus in seinem Altersitz in der Hartäckerstraße oder Robert Graf, der leider so tragisch verstarb, am Eisenberg. Besonders faszinierend war für meinen Mann die enge Zusammenarbeit mit Bruno Kreisky. Der Regierungschef und „sein Klubobmann" müssen sich, wenn Reibungswiderstände vermieden und die Sache gut laufen soll, intensiv untereinander austauschen. Natürlich war Kreisky während seiner Zeit als Bundeskanzler in Österreichs Politik und insbesondere in der SPÖ eine absolut dominierende Figur. Aber er hat Heinz im Parlament, wie er mir immer wieder erfreut erzählte, einen erstaunlich großen Spielraum gelassen. Zu mir war Kreisky von besonderer Liebenswürdigkeit und wenn er ein Essen für hochrangige ausländische Gäste gab, zu dem wir eingeladen waren, nahm er sich immer besonders viel Zeit, um mich seinen Gästen ausführlich und liebenswürdig vorzustellen. Das galt auch für Olof Palme, dem er erzählte, dass ich seine Zuhörerin bei einer Veranstaltung am 1. Mai 1967 in Stockholm und bei einem Sektionsabend auf Söder gewesen war, aber auch für Willy Brandt, für Arafat, für Gaddafi oder Shimon Peres.

Mit Beginn der Tätigkeit meines Mannes als Nationalratspräsident im November 1990, wenige Monate nach dem Tod und dem beeindruckenden Begräbnis von Bruno Kreisky (bei dem der ebenfalls schon schwer kranke Willy Brandt eine unter die Haut gehende Grabrede hielt, aber auch mein Mann im Parlament das Wort ergreifen durfte), begann eigentlich ein neuer Lebensabschnitt. Die europäischen Parlamentspräsidenten fühlten sich wie eine große Familie, die durch Parlamentspräsidenten aus den früheren Ostblockstaaten, bzw. aus den „neuen Demokratien" (was sie viel lieber hörten) laufend ergänzt wurde. Parteipolitische Trennlinien wurden kleiner, die Möglichkeit zu persönlichen Freundschaften verstärkte sich quer über Staats- und Parteigrenzen. Außerdem war es in dieser Runde üblich, dass die Ehepartner, es handelte sich in den 90er Jahren nicht mehr nur um Partnerinnen, sondern in vielen Fällen auch um Partner von Präsidentinnen, an internationalen Veranstaltungen teilnahmen. Wir hatten zu der christdemokratischen Bundestagspräsidentin Rita Süssmuth und ihrem Mann eigentlich ebenso gute Beziehungen wie zu Betty Boothroyd, der Labour-Vorsitzenden des Britischen Unterhauses, zu Riitta Uosukainen der Konservativen Finnischen Reichstagspräsidentin oder natürlich zu Birgitta Dahl, der Präsidentin des schwedischen Reichstages; um nur einige zu nennen. Auch heute verfolge ich noch die Arbeit des österreichischen Parlaments, weil mich interessiert, was gleich geblieben ist und was sich verändert.

Heinz nahm die 14-jährige Tätigkeit als Nationalratspräsident, davon ab 2002 zwei Jahre als II. Präsident des Nationalrates, sehr genau und ernst. „Objektivität" ist das oberste Gebot für den Nationalratspräsidenten und ich konnte deutlich beobachten, wie er bei kontroversen Themen immer versuchte, auch mit dem Kopf „der anderen Seite(n)" zu denken und peinlich bemüht war, die Fraktion, aus der er kam (und der er als Mandatar weiterhin angehörte), nicht zu bevorzugen. Das betrieb er so konsequent, dass sich manchmal sozialdemokratische Mandatare beim Parteivorsitzenden Vranitzky, aber auch bei ihm selbst beklagten, er sei „mit den eigenen Leuten" strenger als „mit den anderen".

In dieser Zeit, nämlich in den 90er Jahren, wurden unsere Kinder Philip und Lisa flügge, sodass meine Belastung durch die Haushaltsführung langsam geringer wurde. Es ist kein Zufall, dass ich mich in dieser Zeit mit der Gründung eines „Experimentariums-Wien" beschäftigen konnte, das für mich ein Vorläufer für das ScienceCenter-Netzwerk war (siehe ausführlich dazu im Kapitel „Bildung – Was uns weiterbringt").

Gleichzeitig verstärkte sich die Reisetätigkeit von Heinz in den 90er Jahren weit über das hinaus, was die Funktion des Nationalratspräsidenten mit sich brachte. Mit der Aufnahme von Verhandlungen über einen Beitritt Österreichs, Schwedens und Finnlands zur EU wurden die sozialdemokratischen Parteien dieser Staaten eingeladen, der Sozialdemokratischen Partei Europas (SPE) beizutreten. Heinz wurde über Vorschlag von Franz Vranitzky als Vertreter der SPÖ in den SPE-Vorstand entsandt und dort zu einem der Vizepräsidenten gewählt.

Seine Freundschaften mit dem italienischen Staatspräsidenten Georgio Napolitano, mit dem deutschen Bundeskanzler a.D. Gerhard Schröder, dem tschechischen Staatspräsidenten Miloš Zeman, mit Alexander Dubček, mit dem langjährigen ungarischen EU-Kommissar László Kovács, mit dem montenegrinischen Staatspräsidenten Filip Vujanović, mit dem slowakischen Ministerpräsidenten Fico, mit rumänischen und bulgarischen Spitzenpolitkern, mit dem leider viel zu früh verstorbenen polnischen Außenminister Bronisław Geremek, mit dem früheren slowenischen Staatspräsidenten Milan Kučan und dem heutigen slowenischen Staatspräsidenten Borut Pahor und mit vielen anderen Persönlichkeiten gehen auf diese Zeit zurück. Noch viel älter sind Freundschaften mit zahlreichen anderen deutschen, italienischen, schwedischen, israelischen, palästinensischen, schweizerischen etc. etc. Politikerinnen und Politikern.

Die Nationalratswahl des Jahres 2002, die Implosion der FPÖ und der Versuch Jörg Haiders mit dem neugegründeten BZÖ zu retten, was noch zu retten war, führte zu einem starken Wähleraustausch von der FPÖ zur ÖVP. Die ÖVP wurde stärkste Partei im Nationalrat und damit war im

Sinne einer bewährten Tradition das (Gewohnheits-)Recht verbunden, einen Vorschlag für die Funktion eines Nationalratspräsidenten zu machen. Die SPÖ als zweitstärkste Partei hatte das in gleicher Weise unbestrittene Recht, einen Vorschlag für den Zweiten Präsidenten des Nationalrates zu machen und für Heinz gab es in dieser Situation drei Möglichkeiten: Entweder nach vielen Jahren als Präsident des Nationalrates die Funktion des Zweiten Präsidenten zu übernehmen – ähnlich wie es Präsident Alfred Maleta nach dem Wahlsieg von Bruno Kreisky im Jahr 1970 getan hat. Die zweite Möglichkeit war, eine Funktion im Präsidium nicht anzustreben und sich noch für eine Gesetzgebungsperiode als sogenannter „einfacher Abgeordneter" in die hinteren Bankreihen zurückzuziehen. Und die dritte Möglichkeit war, mit dem Ausscheiden aus der Funktion des Nationalratspräsidenten die berufliche politische Tätigkeit im 65. Lebensjahr insgesamt zu beenden.

Das war wieder einmal so eine Situation, wo wir nicht nach einem Gespräch und auch nicht nach drei Gesprächen die richtige Antwort fanden, sondern wo wir zwei oder drei Wochen lang – denn dann musste eine Entscheidung getroffen werden – immer wieder auf diese Frage zurückkamen und immer wieder versuchten, das Pro und Contra aller relevanten Gesichtspunkte gewissenhaft zu beurteilen. Das ist ein mühevoller Prozess, aber diese sorgsame und gewissenhafte Entscheidungsfindung bei schwierigen Entscheidungen hat sich immer wieder bewährt. Und ich kann mich eigentlich an keine große „Fehlentscheidung" erinnern. Ergänzen möchte ich, dass unser gemeinsamer Freund Karl Blecha Heinz sehr drängte, im Präsidium des Nationalrates zu bleiben und ziemlich deutlich machte, dass er dabei auch die kommenden Bundespräsidentenwahlen im Auge hatte. Dieser Gesichtspunkt stand damals nicht im Vordergrund, wohl aber war das Projekt des sogenannten „Österreich Konvents", das in einem großen Expertengremium von Theoretikern und Praktikern, Bundes- und Landesvertretern etc. Grundlagen für eine neue Bundesverfassung ausarbeiten sollte, attraktiv. Und so entschied sich Heinz im Herbst 2002 im Präsidium des Nationalrats zu bleiben, bzw. für diese Funktion zu kandidieren.

Im Sommer 2003 spielte sich dann in den Medien ähnliches ab, wie im Sommer 2015. Die Bundespräsidentenwahl des nachfolgenden Jahres warf ihre Schatten voraus. Seriöse und weniger ernstzunehmende Namen wurden ins Spiel gebracht und dann wieder aus dem Spiel genommen und neuerlich ins Spiel gebracht. Bestimmte Kandidaten erklärten auffällig laut, dass sie bestimmt keine Kandidaten sind. Kandidaten, die wirklich keine Kandidaten sein wollten, wurden erst recht als Kandidaten gehandelt. Heinz hat sich damals bedeckt gehalten, aber im Juni 2003 feierte ich meinen 60. Geburtstag und für Oktober 2003 stand sein 65. Geburtstag bevor. Wir wollten aus beiden Terminen kein großes Event machen; und während das bei meinem Geburtstag einwandfrei gelungen ist, war das beim Geburtstag von Heinz keineswegs der Fall. Seine Freunde und Freundinnen hatten gemeinsam mit seinen Mitarbeiterinnen und Mitarbeitern im Volkstheater ein großes, buntes auf ihn zugeschnittenes Geburtstagsfest in einem vollen Haus organisiert, in das alles hineingepackt wurde, was Heinz Freude machte und wenn man dann noch den Reden zuhörte, wusste man ziemlich genau, wohin dieses Geburtstagsfest zielte.

Noch immer hielten sich Spitzenpolitiker mit der Nennung von Namen in der Öffentlichkeit zurück und entscheidungsbefugte Gremien wurden mit dieser Frage (noch) nicht befasst. Umso mehr hatten die Medien eine ungestörte Spielwiese. Es ist nicht so, dass ich mit Heinz nicht schon vor diesem Geburtstagsfest gelegentlich über die Frage einer Kandidatur bei den Präsidentschaftswahlen diskutiert hätte. Aber es waren bis dahin unverbindliche „Was wäre wenn …" -Gespräche. Nach dem 9. Oktober 2003 wurden diese Gespräche dichter und häufiger und es wurde mir klar, dass Heinz die Funktion des Bundespräsidenten als eine attraktive Aufgabe erschien. Und dass er sich auf diese Aufgabe durch seine langjährige politische Tätigkeit in Parlament und Regierung, durch seine Arbeit als Präsident des Nationalrates, durch gute Kenntnisse im Bereich des Verfassungsrechtes und der politischen Wissenschaften, durch saubere Hände und durch weitgestreute internationale Kontakte, gut vorbereitet fühlte. Auf der anderen Seite hatte aber die Tatsache großes Gewicht, dass er seine langjährige und in allen wichtigen Abschnitten erfolgreiche politische Tätigkeit nicht mit einer Niederlage in einem Präsidentschaftswahlkampf abschließen wollte. Von der Garantie eines sicheren Erfolges konnte jedoch keine Rede sein. Ganz im Gegenteil. Allen seriösen Beobachtern war damals klar: Es wird ein knappes Rennen.

Einige Wochen später fand in São Paulo ein Kongress der Sozialistischen Internationale statt, an dem Alfred Gusenbauer (der seit vier Jahren Parteivorsitzender war), Heinz Fischer und Barbara Prammer teilnahmen. Heinz kam zurück mit der Mitteilung, Gusenbauer habe ihm bei einem Mittagessen eine Kandidatur für die Präsidentschaftswahlen im April 2004 vorgeschlagen. Der Zusatz lautete: „Mit dem Michael Häupl solltest Du aber auch noch reden". Heinz sagte, er werde sich diesen Vorschlag durch den Kopf gehen lassen, mit seiner Frau reden und allenfalls ein Gespräch mit dem Wiener Bürgermeister führen.

So wie Heinz mir das erzählte, wusste ich, dass er de facto zugesagt hatte. Das Gespräch mit Michael Häupl fand nur wenige Tage später statt, war angenehm, und dauerte nicht sehr lange. Heinz schilderte mir den Gesprächsverlauf folgendermaßen: Er (Heinz) habe Häupl über das Gespräch mit Gusenbauer und den Vorschlag von Gusenbauer unterrichtet. Häupl fragte: „Und was sagt Deine Frau dazu?" Als Heinz antwortete, dass ich einverstanden bin und dort kein Problem liegen wird, hat Michael Häupl meinem Mann seine volle Unterstützung zugesagt. In weiterer Folge habe sich das Gespräch vor allem um Einzelheiten des bevorstehenden Präsidentschaftswahlkampfes und um mögliche Gegenkandidaten aus den Reihen anderer Parteien gedreht. Die offizielle Beschlussfassung betreffend die Kandidatur erfolgte in einer Sitzung des SPÖ-Präsidiums am 3. Jänner 2004. Die Entscheidung fiel einstimmig (Ganz anders war es sechs Jahre später, bei der Kandidatur des amtierenden Bundespräsidenten für eine zweite Amtsperiode – denn da waren keine Beschlüsse in Parteigremien erforderlich).

Die anschließenden viereinhalb Monate bis zum Wahltag am 25. April 2004 gehörten zu den spannendsten, anstrengendsten und interessantesten Monaten in unserem Leben. Aber die Belohnung in der Form, dass einem in einer Persönlichkeitswahl die Mehrheit der gültigen Stimmen bei der Wahl zum Bundespräsidenten geschenkt wird, ist ja auch enorm. Nach der Wahl gab es zweieinhalb Monate einerseits

Pause und Urlaub und andererseits Vorbereitungen auf die neue Aufgabe. Und am 8. Juli 2004 begann für uns beide ein neues Kapitel in unserem Leben.

Ich habe die lange Tätigkeit meines Mannes als Klubsekretär und Klubobmann im Parlament als die erste Phase in unserer langen Ehepartnerschaft bezeichnet. Eine zweite Phase war seine Tätigkeit als Wissenschaftsminister und als Nationalratspräsident. Und die dritte Phase ist die Zeit seit dem 8. Juli 2004.

Natürlich ist das Amt des Bundespräsidenten etwas ganz Besonderes. Nicht nur für ihn, sondern auch für mich als Frau des Bundespräsidenten. Das Amt des Bundespräsidenten ist die einzige Funktion auf Bundesebene, die direkt von der Bevölkerung durch allgemeine Wahlen vergeben wird. Daher ist schon der Eintritt in dieses Amt etwas Außergewöhnliches. So wie auch die Vereidigung vor der Bundesversammlung. Das war speziell auch für meinen Vater ein ganz besonderer und bewegender Moment: Der ehemalige rechtlose, seiner Menschenwürde beraubte Häftling eines Konzentrationslagers, der in seinem 95. Lebensjahr noch erleben durfte und von einer Loge im Parlament aus beobachten konnte, wie sein Schwiegersohn zum Bundespräsidenten angelobt wurde. Und es gibt eben nur einen Bundespräsidenten und es hat seit der Gründung der Zweiten Republik im Jahr 1945 erst acht Bundespräsidenten gegeben.

Daher war der 8. Juli 2004 für mich ein Tag wie in Trance. Man wacht auf und frühstückt als Frau Fischer und man geht am Abend zu Bett als Gattin des Staatsoberhauptes. Und das, was sich untertags abgespielt hat – die feierliche Angelobungs- und Antrittszeremonie, die ja gleichzeitig auch eine Abschiedszeremonie für den wenige Tage zuvor verstorbenen Amtsvorgänger Thomas Klestil war –, die vielen neuen Eindrücke, viele neue Gesichter, die zahlreichen Kameras, das Wissen, dass mir ganz genau auf den Mund, auf mein Mienenspiel und auf die Kleidung geschaut wird und das logische Bemühen nichts falsch zu machen und alle tatsächlichen und vermeintlichen „Prüfungen" zu bestehen, etc. – das war eine wahre Lawine an Eindrücken und Gefühlen.

In diesem Moment war ich froh, dass wir auf die Amtsvilla des Bundespräsidenten in Döbling verzichtet haben. So konnte ich wenigstens am Ende dieses Tages in den mir vertrauten Räumen in der Josefstädterstraße ruhig aus- und einatmen und in vertrauter Umgebung mit meinem Mann auf den ersten gelungenen Tag (von insgesamt fast 4.400 Tagen) anstoßen. In der Dienstvilla hätte ich mich jetzt noch an ein neues Haus, neue Betten, neues Personal und viele zusätzliche neue Dinge gewöhnen müssen. Diesem Moment, der sich sehr, sehr tief in mein Gedächtnis und in mein Gefühlsleben eingegraben hat, sind allerdings mehr als 100 sehr, sehr anstrengende Tage vom Zeitpunkt der Kandidatennominierung im Jänner 2004 bis zum Wahltag am 25. April 2004 vorangegangen: der Präsidentschaftswahlkampf 2004.

Meinem Mann, mir und allen unseren Freunden, Mitarbeiterinnen und Mitarbeitern war vom ersten Tag an klar, dass wir diese schwierige Periode der Wahlwerbung nur gemeinsam bestehen können. Wir hielten es für politisch und menschlich absolut notwendig, dass wir uns über einen Wahlerfolg gemeinsam und gleichberechtigt freuen können und bei einer Wahlniederlage gemeinsam enttäuscht sein werden, uns aber auch gegenseitig und wechselseitig wieder aufrichten und trösten können. Ich habe diese 100 Tage eben auch deshalb in so guter Erinnerung, weil in dieser Zeit ein Teamgeist und ein Gemeinschaftsgefühl entstanden ist, wie ich mir das kaum hätte vorstellen können und daher auch nicht zu hoffen gewagt habe. Bruno Aigner, der seit 1976 (!) mit meinem Mann täglich zusammenarbeitet, Susanne Gaugl, seine menschlich und fachlich so großartige Büroleiterin, die schon im Parlament so harmonisch mit ihm zusammengearbeitet hatte, die quirlige, tüchtige, ganz und gar nicht schüchterne Astrid Salmhofer, aber eben auch das gesamte Wahlkampfteam, das in Summe wohl nahezu 80 Personen umfasste, weshalb ich jetzt keine weiteren Namen hervorheben möchte, war einfach großartig. Dazu kommen noch wunderbare Erlebnisse während der Wahlreisen. Männer und Frauen, deren Herzenswärme und Begeisterungsfähigkeit man so stark spüren konnte, dass sie die Wirkung eines Schwimmreifens in einem reißenden Gewässer erzielten und viele andere Erlebnisse machen diese Zeit für uns beide unvergesslich. Auch unsere Kinder, Philip und Lisa, die wir absichtlich aus dem Wahlkampf weitgehend heraushielten, waren bei einzelnen Veranstaltungen dabei und ließen uns die ganze Zeit über spüren, wie sehr wir uns auf sie und auf ihre Unterstützung verlassen können. Das gilt auch für Edith, die Schwester von Heinz und für meine Geschwister Lennart und Marianne. Wenn ich mir den Verlauf des Wahlkampfes in Erinnerung rufe, dann wundere ich mich eigentlich noch im Nachhinein, dass unsere langen und sorgfältigen Überlegungen, ob Heinz eine Kandidatur annehmen soll, letztlich mit einem so klaren und eindeutigen JA geendet haben. Denn die Zahlen aus der Meinungsforschung

– im Nachhinein betrachtet – zeigten, es gab durchaus ein beträchtliches Risiko. Im Großen und Ganzen kann man sagen, dass die Chancen am Beginn des Wahlkampfes etwa bei 50 zu 50 lagen. Im Laufe der ersten Wochen hat sich ein kleiner, aber noch im Bereich der Schwankungsbreiten liegender Vorsprung für Heinz ergeben. Vielleicht auch nur deshalb, weil seine Gegenkandidatin, die Außenministerin der damaligen ÖVP-FPÖ-Regierung, Frau Benita Ferrero-Waldner, einige Tage später in den Wahlkampf gestartet ist. Aber in der Karwoche des Jahres 2004 haben die wichtigsten Mitarbeiterinnen und Mitarbeiter Heinz und mich zu einer Besprechung gebeten, die auf der Hohen Wand stattgefunden hat. Dort sind sie mit so ernster Miene um den Tisch gesessen, dass ich gleich böse Ahnungen hatte; und tatsächlich haben sie berichtet, dass die Zustimmungswerte für die Gegenkandidatin steigen, dass der kleine Vorsprung von Heinz im Verschwinden begriffen ist und eine Fortsetzung dieser Tendenzen zu einer Niederlage führen würde. Ich habe zunächst gehofft, es handelt sich um einen „Doping-Versuch", um für den Endspurt die allerletzten Energien zu mobilisieren. Aber das war nicht so und es stand tatsächlich, wie man so schön sagt „Spitz auf Knopf".

Wahrscheinlich kann niemand sagen, welche Faktoren dann tatsächlich ausschlaggebend waren, dass dieser „Durchhänger" schließlich noch aufgefangen werden konnte. War es die bald darauf stattfindende Fernsehdiskussion zwischen Heinz Fischer und Ferrero-Waldner? Heinz hat sich auf diese Fernsehdiskussion besonders sorgfältig vorbereitet und die Medienexperten sagten, er brauche unbedingt eine „Sparring-Partnerin", die im Stile der Gegenkandidatin diskutieren und argumentieren sollte, damit sich Heinz auf eine Fernsehdiskussion mit einer Frau und im Besonderen eben auf Ferrero-Waldner einstellen kann. Diese Rolle hat die heutige Wiener Stadträtin für Gesundheit und Soziales, Sonja Wehsely, übernommen und ich hatte den Eindruck, sie hat sich auf diese Rolle als Double von Frau Ferrero-Waldner zu agieren und mit deren Argumenten zu operieren, ebenso sorgfältig vorbereitet wie Heinz auf seine Rolle. Heinz ist ihr bis heute dafür dankbar. Die Fernsehdiskussion selbst ist dann eigentlich so verlaufen, wie es bei einer Diskussion von Präsidentschaftskandidaten sein soll, nämlich sachlich und in keiner Weise unfair. Dass aber die zu Ostern befürchtete Tendenz noch gedreht werden konnte, ist meiner Meinung nach weniger auf die Fernsehdiskussion zurückzuführen gewesen, sondern auf zwei andere spannende Diskussionen, bei denen sich Heinz auf Einladung der Grünen einem grünen Publikum und auf Einladung der Freiheitlichen einem freiheitlich dominierten Publikum gestellt hat. Die Diskussion mit den Grünen ist meines Erachtens so verlaufen, dass sich viele Grüne in der Überlegung bestärkt fühlen konnten, am 25. April für Heinz Fischer zu stimmen. Die Veranstaltung mit den Freiheitlichen, an der von Jörg Haider angefangen die meisten Spitzenpolitiker und viele andere Anhänger der FPÖ teilgenommen haben, war eine harte Diskussion, in der Heinz keinerlei Konzessionen an die FPÖ gemacht hat. Damit konnte er zwar keine Stammwähler der FPÖ für sich gewinnen – was er ohnehin nicht erwartet hat –, aber er konnte in jenen weiten Kreisen, die ein klares Bekenntnis zu Prinzipien und Haltungen jenseits der FPÖ verlangten, zweifellos wichtige Punkte sammeln.

Am Wahltag haben wir zunächst einmal „losgelassen". Lang schlafen, dann beim Frühstück trödeln und über alles

Mögliche reden, nur nicht über die Wahl, dann gemeinsam ins Wahllokal gehen und Zuversicht ausstrahlen, zuhause gemütlich Mittagessen und als Draufgabe einen langen Mittagsschlaf. Dadurch haben wir im wahrsten Sinne des Wortes jene heikle Periode „verschlafen", als zwischen 14 und 15 Uhr einige Wahlresultate aus Gemeinden eintrudelten, die unsere Mitarbeiterinnen und Mitarbeiter noch einmal anständig nervös werden ließen. Ein deutlicher Trend für einen Wahlerfolg war zu diesem Zeitpunkt jedenfalls noch nicht vorhanden. Als wir aber ausgeschlafen waren und uns am Telefon wieder meldeten, hatte sich bereits ein Trend in Richtung „mehr als 50 Prozent" abgezeichnet. Es war ein unglaubliches Gefühl. Ein Traum, oder besser gesagt: Ein Projekt, für das wir sehr hart gearbeitet haben, war in Begriff Wirklichkeit zu werden.

Wie sollte ich nun meine Rolle als Frau des Bundespräsidenten anlegen und ausfüllen? Die Gattin des ersten Bundespräsidenten der Zweiten Republik, Karl Renner, habe ich nie bewusst erlebt und sie stammte ja auch aus einer völlig anderen Zeit. Bundespräsident Körner war Junggeselle. Bundespräsident Schärf war zum Zeitpunkt, als er das Amt des Bundespräsidenten antrat, bereits verwitwet. An die Stelle seiner verstorbenen Frau trat dort, wo es notwendig oder zweckmäßig war, seine Tochter, Frau Martha Kyrle. Diese Situation konnte ich also auch nicht als Beispiel heranziehen. Die Gattin von Bundespräsidenten Franz Jonas, Grete Jonas, war eine einfache und besonders liebenswürdige Frau. Mein Mann hat sie sehr geschätzt und auch nach dem Tode von Bundespräsident Jonas noch einige Male besucht – zuletzt, als sie schon schwer krank war, im Krankenhaus. Sie hielt sich so aber sehr im Hintergrund, dass sie mir auch nicht Vorbild im 21. Jahrhundert sein konnte. Anders war es bei Herma Kirchschläger. Sie war die Gattin eines Diplomaten, in weiterer Folge des Außenministers und ich konnte von ihr schon zu einer Zeit, wo für mich die Hofburg in keinster Weise ein Thema war, einiges lernen. Rudolf Kirchschläger hatte z.B. 1985 bei seinem Besuch im Weißen Haus auf Einladung von US-Präsident Ronald Reagan auch meinen Mann (damals Wissenschaftsminister) und mich eingeladen der österreichischen Delegation anzugehören. Das war hochinteressant und lehrreich für mich. Ich habe den Eindruck, dass das amerikanische Protokoll damals viel steifer und strenger war als das österreichische. Die Zeit, wann die einzelnen Autos vom Hotel zum Weißen Haus abfuhren, wurde durch Handzeichen nach dem Sekundenzeiger bestimmt. Wenn die Delegation im Weißen Haus Aufstellung nahm, war nicht nur die Reihenfolge der einzelnen Personen festgelegt, sondern am Parkettboden wurden weiße Fußabdrücke festgeklebt, die wie Einlagsohlen aussahen und auf denen Namen vermerkt waren, sodass die Standorte der einzelnen Personen auf den Zentimeter genau festgelegt waren. Beim Gespräch nach dem Essen waren Männer und Frauen getrennt, sodass ich mich in einer Runde mit Nancy Reagan, Frau Bush senior, Frau Bush junior, Herma Kirchschläger und weiteren hochrangigen Damen der amerikanischen Gesellschaft befand. Tatsächlich habe ich mich auch nach der Wahl meines Mannes zum Bundespräsidenten öfters mit Herma Kirchschläger getroffen, die Fragen von mir immer gerne und liebenswürdig beantwortete. Unsere Freundschaft mit Rudolf und Herma Kirchschläger hat sich auch auf deren Kinder und Enkelkinder übertragen und in der Umgebung von Mürzsteg kann man heute sogar Urenkelkinder von Rudolf und Herma Kirchschläger antreffen, weil sich die Familie Kirchschläger in dieser schönen Gegend angesiedelt hat.

Frau Waldheim, die ich schon aus der Zeit kannte, als ihr Mann Botschafter in Washington und dann Generalsekretär bei der UNO war, hatte ähnliche Erfahrungen wie Herma Kirchschläger. Frau Klestil-Löffler war selbst eine Diplomatin, die auch während der Amtszeit ihres Mannes als Diplomatin berufstätig war – teils in der Präsidentschaftskanzlei und teils im Außenministerium. Auch sie kannte und kennt die Abläufe in der österreichischen Präsidentschaftskanzlei sehr genau.

Sie alle waren überaus kollegial und gaben gerne Auskunft, wenn ich etwas wissen wollte. Aber letzten Endes versuchte ich meine Aufgaben nach besten Wissen und Gewissen zu erfüllen und dabei meinen eigenen Stil und meine eigene Form der Teamarbeit zu entwickeln. Mein Grundsatz ist, dass ich meinen Mann so gut wie möglich unterstützen möchte, aber meinen Lebensstil und meine Lebensauffassung auch in der neuen Umgebung beibehalte. Das gilt nicht nur für unsere Wohnung, das gilt auch für unseren Freundeskreis, für unsere Freizeitgewohnheiten und in hohem Ausmaß auch für meine Kleidung. Wahr ist, dass mein Mann und ich bis zum Jahr 2004 nie einen Opernball besucht haben, während der Opernball ab 2005 ein Fixtermin war. Aber ein Opernball pro Jahr ist ja wohl noch keine Änderung des Lebensstils. Außerdem ist der Opernball ein Staatsball, der vielen Menschen Freude bereitet und der Staatsoper einen nicht unwillkommenen Gewinn bringt.

Wenn man ein ausländisches Staatsoberhaupt nach Österreich einlädt, dann lädt man – wenn er/sie verheiratet ist – zu offiziellen Besuchen in der Regel auch dessen Ehefrau (Partnerin) oder deren Ehemann (Partner) ein. Auch wir halten das so und ich habe meinen Mann gerne auf vielen solchen Reisen begleitet. Nicht zuletzt auch deshalb, weil ich spüre, dass es ihm recht ist und vielleicht sogar wichtig, wenn ich mit bin. Dabei muss ich sagen, dass die Auslandsreisen des österreichischen Bundespräsidenten von den Mitarbeiterinnen und Mitarbeitern in der Präsidentschaftskanzlei mit sachkundiger Unterstützung des Außenministeriums ausgezeichnet vorbereitet werden. Vor jeder Auslandsreise gibt es ein umfangreiches Dossier über alle wichtigen Themen des Besuches, mit den einschlägigen Biographien, mit historischen Abrissen und Wirtschaftszahlen sowie einer Schilderung der aktuellen Situation im Gastland. Ich habe von Anfang an darauf bestanden, nicht bei meinem Mann gewissermaßen „mitlesen" zu müssen, sondern ein eigenes Exemplar dieses Dossiers zu bekommen, um mich gründlich vorbereiten zu können. Es ist gut zu spüren, wie ausländische Gastgeber ihre Tischnachbarin zuerst einmal taxieren und testen, welche Gesprächsthemen passend sein könnten. Und wenn man dabei nicht schüchtern ist, selbst auf ein politisches Gespräch hinsteuert, einigermaßen die historischen Fakten kennt und sich auch über das eigene Land gut informiert zeigt, dann entstehen sehr spannende und inspirierende Gespräche. Ein sehr frühes Musterbeispiel, wo ich erste Erfahrungen in diese Richtung gesammelt habe, war – noch Jahrzehnte früher – ein Besuch auf Kuba im Jahr 1980. Mein Mann hatte damals von Bruno Kreisky und Willy Brandt nach dem Einmarsch der Sowjetunion in Afghanistan den Auftrag erhalten, Fidel Castro in seiner damaligen Eigenschaft als Vorsitzender der Blockfreien Konferenz in Havanna zu besuchen, ein Schreiben von Kreisky und Brandt zu überbringen und zu erläutern. Fidel Castro stellte zunächst einige Höflichkeitsfragen an mich und meine Antworten führten offenbar dazu, dass er sich die erste halbe Stunde nur mit mir über Österreich, Europa und alles Mögliche unterhielt. Das Gespräch, das ich in seiner Gesamtheit zu den interessantesten meines Lebens zähle, dauerte allerdings letzten Endes sieben Stunden bis 4 Uhr früh. Wenn sich mein Mann nicht zu diesem Zeitpunkt verpflichtet gefühlt hätte, auf ein Ende des Gespräches zu drängen (was der damals anwesende österreichische Botschafter in Kuba, Peter Hohenfellner, sehr bedauerte und leise kritisierte), wäre es noch weiter gegangen. Auch ein langes Gespräch mit Nelson Mandela und Thabo Mbeki im September 1991 in Johannesburg, wenige Monate nach der Entlassung von Nelson Mandela aus dem Gefängnis, zählt zu diesen bereichernden Begegnungen, die ich keinesfalls missen möchte. Auch Willy Brandt war ein besonders interessanter und feinfühliger Gesprächspartner. Und die Queen, die englische Königin Elizabeth II., rangiert in einer eigenen Kategorie. Ihre Höflichkeit ist perfekt, die Räumlichkeit, in der das Gespräch stattfindet, ist perfekt. Der Tee ist perfekt. Das Timing ist perfekt. Ihre Antworten sind perfekt, aber ich hatte das Gefühl, dass es unsichtbare Grenzen gab, die bei diesem Gespräch eingehalten und nicht überschritten wurden. Auch sehr britisch und doch ganz anders war ein Gespräch, das mein Mann und ich vor etwa 30 Jahren in Wien mit Prinzessin Diana und Prinz

Charles über Jazzmusik, über die Beatles, über Filme und frühkindliche Musikerziehung geführt haben.

Oft werde ich gefragt, ob es Freundschaften auf höchster politischer Ebene gibt? Ich meine jetzt nicht die oberflächlichen, Schulter klopfenden Freundschaften, die schon nach dem ersten Gespräch „geschlossen" werden und heute wie die Schwammerl aus dem Boden wachsen. Natürlich hat man bei knappen Zeitbudgets weniger Zeit und Gelegenheit zur Pflege von Freundschaften über Staatsgrenzen hinweg und manches ist komplizierter. Trotzdem glaube ich die Frage bejahend beantworten zu können. Respekt vor einer Person und ihrer Tätigkeit, Sympathie, der offene Austausch von Meinungen und Erfahrungen, Freude auf und über jede Begegnung, eine gute persönliche Chemie – ist das nicht Freundschaft?

Meine Arbeitshypothese lautet, jeder Staatspräsident und jede Gattin eines Staatspräsidenten, so wie jeder Chirurg, Landwirt, Schriftsteller oder Eisenbahner ist ein Mensch aus Fleisch und Blut, der sich freuen, kränken, ärgern oder lachen kann. Daher sind es oft die kleinen Gesten oder Aufmerksamkeiten, die sehr viel bewirken können. Ich glaube zum Beispiel sagen zu können, dass wir mit dem Ehepaar Napolitano (dem früheren italienischen Staatspräsidenten) wirklich befreundet sind; und schon befreundet waren, bevor er Staatspräsident wurde (etwa seit den 1980er Jahren) und auch befreundet geblieben sind, seit er aus dem Amt des Staatspräsidenten ausgeschieden ist. Auch mit dem Ehepaar Köhler, dem früheren deutschen Bundespräsidenten besteht ein Verhältnis guter Freundschaft. Das gilt auch für den früheren schwedischen Ministerpräsidenten Göran Persson und die frühere finnische Staatspräsidentin Tarja Halonen.

Auf keinen Fall darf ich Hans-Jochen Vogel und seine Frau Liselotte aus Deutschland vergessen, mit ihnen führt mein Mann auch heute noch einen dichten Briefverkehr. Auch mit dem amtierenden Bundespräsident Joachim Gauck und Frau Daniela Schadt verstehen wir uns ausgezeichnet. UNO-Generalsekretär Ban Ki-Moon und seine Frau Ban Soon-taek würde ich – obwohl sie aus einem ganz anderen Kulturkreis kommen – ebenfalls als sehr geschätzte Freunde bezeichnen.

Gerne erzähle ich auch eine Episode, die sich in jüngster Vergangenheit abgespielt hat. Im Oktober 2014 fand ein offizieller Besuch in Schweden statt. Das schwedische Königspaar lud uns ein, im Königspalast zu wohnen. Der Besuch fiel auf einen 9. Oktober, das war der Geburtstag meines Mannes, der aber im Besuchsprogramm keinerlei Niederschlag fand. Nach einem feierlichen Abendessen hatten wir den gleichen Heimweg – nämlich in das königliche Schloss. Die Gastgeber bestanden darauf, uns bis in unser Appartement zu begleiten. Dort angekommen wechselten wir im Stehen noch ein paar Worte über den erfolgreichen Besuchstag und waren gerade im Begriff uns zu verabschieden, als plötzlich die Türen von außen geöffnet wurden und ein Butler hereinkam, der auf einem Tablett vier Gläser mit Champagner brachte; und bevor ich die Situation noch richtig erfassen konnte, stimmten der König und die Königin ein lautstarkes „happy birthday to you …" an, was mich zwang mitzusingen, obwohl das ganz bestimmt nicht meine Stärke ist. So eine freundschaftliche Geste bleibt dauerhaft im Gedächtnis.

Wenn ich für eine Frauenzeitschrift ein Interview gebe – was ziemlich selten vorkommt –, dann gibt es eine große Wahrscheinlichkeit, dass eine der Fragen lautet: „Frau

Fischer, wie viel Privatleben haben Sie eigentlich als Frau des Bundespräsidenten?" Diese Frage ist deshalb schwer zu beantworten, weil es bei uns – und vor allem bei mir – keine scharfe Trennung zwischen Privatleben und beruflichen Verpflichtungen gibt. Wenn ich alles, was ich als interessant, schön und bereichernd betrachte als „privat" qualifizieren würde, dann hätte ich sehr viel Privatleben, weil dann eben auch eine interessante Auslandsreise, der Besuch in österreichischen Gemeinden, ein Besuch von Festspielen, der Opernball, ein Museumsbesuch, ein Zusammentreffen mit Botschaftern etc. als Privatleben aufgefasst werden könnte. Wenn ich aber alles, was zur Gänze oder zumindest teilweise mit der Funktion meines Mannes zusammenhängt, unter öffentlicher Beobachtung steht, von Mitarbeitern und Mitarbeiterinnen geplant und vorbereitet wird, wo Mitarbeiter oder Mitarbeiterinnen und Sicherheitsleute dabei sind, also fast alles, was sich außerhalb der eigenen vier Wände abspielt, nicht als Privatleben qualifiziere, dann habe ich ein sehr, sehr interessantes Leben, aber sehr, sehr wenig Privatleben.

Eine Zusatzfrage aus diesem Bereich ist, wie man sich fühlt, wenn ständig Sicherheitsleute in unserer Umgebung sind. Ja, ich gebe zu, das war gewöhnungsbedürftig. Was im Besonderen meinen Mann betrifft, ist es ja so, dass er seit dem 8. Juli 2004 praktisch immer einen Sicherheitsbeamten in der Nähe hat. Egal, ob er im In- oder Ausland unterwegs ist, ob er Bergsteigen oder auf einen Ball geht, ob er ein Restaurant oder ein Konzert besucht, ob er auf den Fußballplatz geht, ob er auf dem Bodensee eine Bootsfahrt oder am Hallstätter See Urlaub macht. Es ist immer jemand „von der Sicherheit" dabei. Meistens ein Beamter in Zivil (der bei Wanderungen gelegentlich auch als unser Sohn angesprochen wird). Bei Reisen außerhalb Wiens kann auch (muss aber nicht) jemand aus dem betreffenden Bundesland dazukommen. Das war am Anfang für mich nicht einfach. Aber es gibt einige Aspekte, die das Problem entschärfen. Erstens sind diese Kollegen bestrebt und auch entsprechend ausgebildet, sich dezent und diskret zu verhalten. Zweitens habe ich bisher nur wirklich liebenswürdige und hilfsbereite Sicherheitsbeamte kennen gelernt. Und drittens hat ein Vergleich mit der Situation, in der sich andere Staatspräsidenten auf diesem Gebiet befinden – und dabei denke ich nicht an den amerikanischen oder den israelischen oder den russischen Präsidenten, weil das ja völlig unvergleichbar ist – zur Folge, dass man sich glücklich schätzt in Österreich zu leben. Denn bei uns ist der Aufwand für Sicherheit nur ein Bruchteil dessen, was in durchaus vergleichbaren Ländern üblich ist.

Eigentlich war ich erstaunt, wie rasch die Zeit vergangen ist und wie rasch der Zeitpunkt gekommen ist, wo die Entscheidung zu treffen war, ob man für eine zweite Amtsperiode kandidiert. Im Unterschied zur Erstkandidatur ist es uns leicht gefallen. Heinz hatte eine Menge Zustimmung und Vertrauen bei der Bevölkerung gefunden, er fühlte sich gesund und fit für eine zweite Amtsperiode. Die Wahrscheinlichkeit, dass die Wahl verlorengehen könnte war relativ gering, wir wussten, dass der Wahlkampf kürzer, weniger anstrengend und billiger sein würde. Und daher war die Entscheidung relativ einfach. Dass am Wahlabend der Stimmenanteil meines Mannes bei den gültigen Stimmen nur ganz knapp unter 80 % lag (ganz genau waren es 79,33 %), war aber dann doch eine ganz große Überraschung und eine große Freude. Bei den

14 Bundespräsidentenwahlen, die es in Österreich seit 1945 gab, nämlich acht Erstkandidaturen und sechs Kandidaturen für eine Wiederwahl, gab es nur zwei Wahlen, die mit einem Ergebnis von mehr als 79 % endeten, nämlich die Wiederwahl von Rudolf Kirchschläger und die von Heinz Fischer. Ich habe mich wieder so gut ich konnte an der Wahlwerbung beteiligt und hatte in der Zwischenzeit einen gewissen Bekanntheitsgrad, der für diese Aufgabe hilfreich war. Wir mussten immer wieder lachen, wenn ein Mann oder eine Frau strahlend auf Heinz zugingen und stolz verkündeten „Herr Bundespräsident, ich habe Sie gewählt – *Pause* – und zwar wegen Ihrer Frau". Das war ein Satz, den wir einige Male hörten, über den wir herzlich lachten und der mir doch – auch, wenn es nicht zu Hundert Prozent ernst gemeint war – wie eine zusätzliche Belohnung erschien.

In der Zwischenzeit ist Heinz der dienstälteste republikanische Staatspräsident in der EU und das Schöne ist, dass uns trotz dieser langen Zeit der Gesprächsstoff nicht ausgeht, sondern dass es eigentlich immer viel – vielleicht sogar noch mehr als früher – zu besprechen gibt. Das liegt nicht nur daran, dass das Weltgeschehen meiner Meinung nach dramatischer, aufregender und unberechenbarer geworden ist, sondern dass es auch in Österreich immer mehr Themen gibt, die Diskussionsbedarf auslösen. Und es gibt für mich kaum etwas Schöneres als an einem Abend – wo wir nicht allzu müde sind – mit meinem Mann zusammenzusitzen und über den abgelaufenen Tag, über die vergangene Woche, über die nächsten Tage oder über Themen der Zukunft, also über Erlebtes und Geplantes zu sprechen.

Auch über die Funktionsweise unserer Demokratie gibt es viel zu debattieren. Ich bin eine überzeugte und unerschütterliche Demokratin und auch überzeugt davon, dass Demokratie – also die gleichberechtigte Mitwirkung an der Gestaltung unserer Gesellschaft – die Grundlage für ein friedliches und gewaltfreies Zusammenleben von Menschen ist. Andererseits sind die Schwächen einzelner Elemente unserer Demokratie unübersehbar. Die Schwächen des Parlamentarismus, die Schwächen in unserem Parteiensystem, die Schwächen, auf die man in der österreichischen Medienlandschaft stößt, die traurige Erfahrung, dass die schlechte Nachricht viel mehr Aufmerksamkeit findet und daher der Auflage mehr hilft als die gute Nachricht, die Missbrauchs- und Demagogie-Anfälligkeit der direkten Demokratie etc. Und nicht zuletzt die Schwächen der einzelnen Menschen. Die Demokratie kann nicht besser sein als die Menschen, die sie schaffen und tragen. Und da die Menschen Schwächen haben, hat auch die Demokratie Schwächen.

V
EMANZIPATION – Was wir wollen

Die längste Zeit meines Lebens war ich das, was man in Österreich vermutlich noch immer vereinfachend „eine Hausfrau" nennt. In Südafrika klärte mich eines Tages ein liberaler Intellektueller freundlich lächelnd auf, dass er all das, was ich mache als „home executive" bezeichnen würde. Und tatsächlich habe ich mich nie als *nur* Hausfrau gefühlt. Auch meine Freundinnen würden nicht über mich sagen: „Margit ist eine Hausfrau". Aber wahr ist, dass ich aus heutiger Sicht zu jener Minderheit gehöre, die nach der Familiengründung keinen konventionellen mit Pensionsansprüchen verbundenen Beruf ausgeübt hat. Bei Frauen, die zehn oder zwanzig Jahre jünger sind, war es schon wesentlich selbstverständlicher arbeiten zu gehen. Irgendwie gehöre ich einer Zwischengeneration an: Aufgewachsen und familiär durchaus schon geprägt von den Ideen und Forderungen der Emanzipationsbewegung, die aber politisch noch nicht durchgesetzt und für mich im Alltag noch nicht lebbar waren. Es mag ein wenig paradox sein, aber ich bin aus meiner Familiengeschichte heraus und aus Überzeugung Sozialdemokratin, habe aber eigentlich einen für eine emanzipierte und gleichberechtigte Frau traditionellen Lebensweg eingeschlagen.

Für mich und mein Selbstverständnis war es nicht immer einfach, meinen Weg zu gehen. Ich habe schon erwähnt, dass zum Zeitpunkt meiner Hochzeit im Jahr 1968 noch eine Rechtslage in Kraft war, wonach ich meinem Mann von nun an als Frau „untertan" sein sollte. Heute hört man diese Worte vielleicht manchmal noch bei kirchlichen Hochzeiten, wenn der Pfarrer und das Paar besonders traditionell eingestellt sind. Vor einem Standesamt wäre das heute undenkbar. Auch das Recht des straffreien Schwangerschaftsabbruchs innerhalb einer bestimmten Frist, die sogenannte Fristenlösung, wurde erst fünf Jahre später, im November 1973, im Parlament nach heftigen Diskussionen gegen die Stimmen von ÖVP und FPÖ verabschiedet. Im gleichen Jahr wurde auch jene Familienrechtsreform beschlossen, die es Frauen erlaubt, arbeiten zu gehen, ohne dass sie ihren Gatten um Erlaubnis bitten müssen. Man kann sich das heute nicht mehr vorstellen. In Österreich war die Gesellschaft zu Beginn der 1970er Jahre ziemlich konservativ. Ich schätzte Politikerinnen wie Hertha Firnberg oder Johanna Dohnal, die ich beide auch persönlich kannte. Was sie ab den 1970er Jahren mit Unterstützung vieler, vieler anderer Frauen, aber auch mancher männlicher Partner für uns Frauen erreicht haben, ist außerordentlich wichtig.

Ich habe diese Reformdebatten genau mitverfolgt, diese Themen auch oft mit meinem Mann diskutiert und ich glaube sagen zu können, dass unsere Gespräche für seine Meinungsbildung nicht unwesentlich waren. Heinz war damals als SPÖ-Klubobmann in alle Verhandlungen eingebunden. Es gab in der Zeit der Alleinregierung einen Minister, der ganz besonders oft bei uns zu Hause angerufen hat – egal, ob es zwei Uhr nachts oder vier Uhr früh war: Justizminister Christian Broda hatte immer wieder spontanen Gesprächs- und Diskussionsbedarf. Diese für die Frauen und für die Gesellschaft so wichtigen Fragen sollten mit einer tragfähigen Mehrheit im Parlament beschlossen werden und diese Überzeugungsarbeit erforderte viel Einfühlungsvermögen und Fingerspitzengefühl, wie weit der Konsens gehen konnte, ohne die ganze Reform zu gefährden.

Während im Parlament also um ein moderneres Recht für Frauen gerungen wurde, versorgte ich daheim den Haushalt und die Kinder. Natürlich habe ich das manchmal als lästigen Widerspruch empfunden. Und es war dennoch kein Widerspruch, weil ich ganz intensiv in die politische Arbeit und in die Gedankenwelt meines Mannes einbezogen war.

Unser Sohn Philip wurde 1972 geboren, unsere Tochter Lisa 1975. Beide sind in die Zeltgasse in die Volksschule und in der Piaristengasse in das öffentliche Gymnasium gegangen. Heinz hat zu Hause so interessant über griechische Mythologie erzählt und den Kindern die Herkunft vieler Begriffe aus der griechischen Sprache und Gedankenwelt erklärt, dass sie sich beide im Gymnasium zum Altgriechisch-Unterricht angemeldet haben.

Wir lebten einen harmonischen Familienalltag. Laute Worte waren bei der Erziehung kaum notwendig und ich sehe – mittlerweile auch als Großmutter – mit großer Freude, wie liebevoll und achtsam unsere Kinder jetzt ihre Kinder erziehen. Sie waren beide keine „Nesthocker", sondern sind mit kaum 20 Jahren „ausgeflogen".

Als die Kinder aus dem Haus waren, blieb mir für meine Interessen mehr Zeit. Ich begann mich intensiv mit interaktivem Lernen und dem Österreichischen Frauenrat zu beschäftigen. Als Heinz 1990 Nationalratspräsident und erst recht, als er 2004 zum Bundespräsidenten gewählt wurde, sind alleine die Einladungen, Dienstreisen, Veranstaltungen und sonstigen Verpflichtungen, die ich wahrnehmen sollte, zu einer Art neuen Beruf geworden. Ich habe meine Aufgabe als „Frau Fischer" immer sehr ernst genommen und habe z.B. den Ehrgeiz, auf Gesprächspartner inhaltlich gut und sorgfältig vorbereitet zu sein. Dem Protokoll entsprechend ist die Frau des Bundespräsidenten bei Empfängen, Essen und anderen Gelegenheiten höchstrangig platziert, was dazu führt, dass ich bei einem offiziellen Essen in der Regel auch neben einem höchstrangigen Gast zu sitzen komme. Smalltalk mit Persönlichkeiten wie dem chinesischen Staatspräsidenten, dem Generalsekretär der UNO, mit Shimon Peres oder mit Nobelpreisträgern wäre mir nie in den Sinn gekommen und hätte mir wenig Freude gemacht. Ich versuche ernsthafte und informative Gespräche zu führen, und dazu muss man nicht nur gut vorbereitet sein, sondern auch grundsätzlich Freude an politischen Diskussionen und Gedankenaustausch haben. Wenn man an diese und andere Aufgaben engagiert und professionell herangeht, kann man wahrscheinlich sagen, dass ich ebenfalls intensiv „berufstätig" bin – und zwar weit über meinen 70. Geburtstag hinaus.

Ich hatte zwar in den letzten 40 Jahren keinen klassischen Erwerbsberuf mit eigenem Dienstverhältnis. Aber ich möchte mit niemandem tauschen. Ich habe mich nicht zu beklagen, sondern bin glücklich und dankbar. Es ist mir gelungen, in meiner Partnerschaft nie in die Rolle derjenigen zu fallen, die in der Familie immer zur Verfügung steht und außerhalb der eigenen vier Wände nur wenig Raum für weitere Interessen hat. Freiräume sind mir wichtig.

Was es heißt, sich als Frau von Äußerlichkeiten weitgehend zu befreien, lernte ich schon von meiner Mutter. Es waren vielleicht Details, aber sie waren als junges Mädchen prägend für mich. Etwa kurze Haare zu tragen, die einen nicht behindern, wenn man Sport machen möchte. Ich schwimme leidenschaftlich gerne, ein Sport mit Badekappe und bei Bedarf auch mit Schwimmbrille. Mit meinem kurzen Haarschnitt ist die Badekappe schnell an- und wieder ausgezogen.

Ich muss mich nicht lange föhnen, schon gar keine Wasserwellen oder Ähnliches legen und kann mich unkompliziert bewegen.

Für meine Mutter waren kurze Haare noch eine Sache der Emanzipation. Es gibt ein Bild von ihr aus dem Jahr 1934, auf dem sie die noch langen Haare zu einem Nackenknoten zusammengefasst trägt. Aus dem Jahr 1938 existiert ein Foto, das sie verändert zeigt. Da sitzt sie auf einer Berghütte, strahlt den Fotografen, meinen Vater, an und trägt schon kurze Haare. Die Haare anders zu tragen, als es die Mode vorschreibt, war damals auch ein Signal: Ich lasse mich nicht in ein Schema pressen. Ich beuge mich nicht Konventionen. Ich bin eigenständig. Heute spielt das keine große Rolle mehr. Meine Mutter trug auch Hosen, als das für Frauen in Österreich noch überaus ungewöhnlich war. Sie und mein Vater gingen, ähnlich wie Heinz und ich, gerne wandern und Rad fahren, dabei boten sich die praktischen Hosen natürlich an.

Von meiner Mutter lernte ich auch, dass Kleidung, die funktional ist, weder hässlich noch unweiblich aussehen muss. Sie blieb ihrem Frauenbild treu, das – im Rückblick gesehen – damals schon zeitlos modern war. Vieles, was für Frauen heute selbstverständlich ist, nahm sie bereits vorweg.

Frei zu sein bedeutet für mich auch, einen Haushalt zu führen, der einen, im wahrsten Sinne des Wortes nicht übermannt. Ich wollte nie eine vollgeräumte Wohnung mit Nippes, drapierten Vorhängen oder Deckchen, wo dauernd abgestaubt und alles zurecht gerichtet werden muss. Erstens gefällt mir das nicht und zweitens kostet das Zeit und Energie, die anders viel besser eingesetzt werden kann.

Ich liebe schöne Stoffe, aber Vorhänge und Teppiche setze ich in unserer Wohnung nur sparsam ein. Ich mag Licht und Sonne in der Wohnung und den freien Blick hinaus. Vielleicht auch eine skandinavische Prägung.

Ich habe mich auch bemüht, möglichst so zentral zu wohnen, dass meine Familie und ich, vor allem die Kinder, im Alltag keine allzu langen Wege haben, sich frei in der Stadt bewegen können und damit schrittweise selbständig werden. Heute reden viele davon, dass Wien noch mehr zur Radfahrer- und Fußgängerstadt werden soll. Wichtiger für mich ist ein gut ausgebauter öffentlicher Verkehr. Als mein Mann und ich unseren Hausstand gründeten, sind Familien, die es sich leisten konnten, in einen grünen Bezirk am Stadtrand oder gleich aufs Land gezogen. Sie haben ein Haus gebaut, mit einer Garage, in der dann zwei Autos standen. Oft genug haben Freunde Heinz und mich als junges Paar gefragt, warum wir nicht raus ins Grüne ziehen, uns ein Haus bauen oder mieten. „Ihr müsst Euch das doch leisten können", haben manche zu uns gesagt. Mich hat das nicht besonders gereizt.

Heinz wollte anfangs auch gerne in einem Haus mit Garten wohnen, am ehesten in Hietzing, weil dort auch seine Eltern und viele seiner Freunde wohnten. Aber ein Haus mit einem Minigarten drum herum, daneben der Nachbarsgarten und lange Wege in die Stadt waren für mich nicht die Option, die ich am meisten anstrebte. Umso weniger, als meine Schwiegereltern zu der Zeit als wir heirateten, gerade ein kleines Haus auf der Hohen Wand in 900 m Seehöhe bauten. Für mich war immer wichtig, dass das tägliche Leben meiner Familie und für mich möglichst gut und praktisch funktioniert.

Heinz hat mich unterstützt und meine Selbständigkeit geschätzt. Als wir die Wohnung in der Josefstädter Straße mieteten, haben einige Freunde versucht, mir vorzurechnen, was wir uns ersparen könnten, wenn wir eine Wohnung kauften, und dass wir sie den Kindern vererben hätten können. Aber ist es nicht viel wichtiger, Kindern Herzensbildung, Wissen und Selbständigkeit weiterzugeben? Binden Wohnsitze nicht auch ihre eigenen Lebensentwürfe? Ihre Emanzipation von zu Hause? Ich weiß, dass mein Freiheitsbegriff ein sehr radikaler ist, aber er ist mir wichtig. Und er ist untrennbar mit meinem Selbstverständnis als Frau verbunden. Unsere Wohnung in der Josefsstadt musste jedenfalls nach einer 60-jährigen Nutzung durch Vormieter dringend renoviert und umgebaut werden; das war mein Job. Die Aufsicht über die Handwerker, die Verrechnungen, alles. Als wir das Haus auf der Hohen Wand umbauten – und wir haben das zwei Mal gemacht –, war das auch immer meine Aufgabe; genauso wie die Steuerunterlagen zusammenzustellen und vieles mehr. Ich bin eben „home executive", aber auch Haushaltsvorständin, Steuerberaterin, Innenarchitektin und seit langem auch Familienarchivarin.

Was bedeutet es, für die Emanzipation der Frau einzutreten?

In meiner Generation, der Nachkriegsgeneration, gingen Frauen mit dem Slogan auf die Straße „Mein Bauch gehört mir!" Wir dürfen nicht vergessen, dass die Pille erst 1962 in Österreich erhältlich war und kämpften für das Recht, eine Schwangerschaft straffrei abbrechen zu dürfen. Sie haben dieses und viele andere Ziele erreicht und das ist unglaublich wichtig. Genauso wichtig ist es aber auch zu sagen: „Mein Kopf gehört mir!" und „Mein Herz gehört mir!"

Egal, für welchen Lebensentwurf sich eine Frau heute entscheidet, sie riskiert dafür kritisiert zu werden. Bleibt sie kinderlos, wird sie als egoistische Karrieristin hingestellt. Kriegt sie Kinder und geht bald und Vollzeit wieder arbeiten, wird sie zur Rabenmutter gestempelt. Bleibt sie mit ihren Kindern länger zu Hause, als sie Kinderbetreuungsgeld bekommt, ist sie die bequeme Hausfrau, die sich von ihrem Mann erhalten lässt. Die Organisation des Alltags mit Kleinkindern und Berufstätigkeit gleicht auch heute noch einem Spießrutenlauf.

Das öffentliche Sezieren von Mutterschaft oder Nichtmutterschaft beginnt sogar noch früher, im Mutterleib. Die „normale" Schwangerschaftsunterbrechung, zu der sich eine Frau aus ihr schwerwiegend erscheinenden Gründen innerhalb einer bestimmten Frist entscheiden kann, ist heute weitgehend unumstritten. Aber wie stellt sich die Gesellschaft dem Thema einer Schwangerschaft, die ein behindertes Kind hervorbringen wird? Immer wieder versucht die Politik, die Entscheidungsfähigkeit der Frau über diese sensiblen Probleme in Frage zu stellen. Gleichzeitig müssen sich Frauen, die auf natürlichem Weg nicht schwanger werden können, neue Fragen gefallen lassen. Wie viele Durchgänge der Reproduktionsmedizin sind zulässig? Welche pränatal diagnostischen Tests sind wichtig? Wenn es nicht klappt, sind Eizellen- oder Samenspenden eine Möglichkeit? Für Frauen ist vieles nach wie vor sehr schwierig und belastend.

Ich dachte einige Zeit, dass wir kinderlos bleiben würden, dabei wünschten wir uns unbedingt Kinder. Mein Gynäkologe Prof. Alfred Rockenschaub, ärztlicher Leiter der Ignaz Semmelweis-Klinik, half uns damals sehr. Alfred Rockenschaub war ein fortschrittlicher Mediziner, zu Recht gilt er als einer der „Väter" der Fristenlösung. Er setzte sich damals für eine fundierte Ausbildung und entsprechende Stellung der Hebammen ein und förderte sie engagiert.

Gebären war über viele Jahrhunderte etwas, was Frauen unter sich ausgemacht haben. Eine Menge wertvolles Wissen der Hebammen ging verloren, als die Geburt zum „medizinischen Fall" wurde und in die Hände der – meist – männlichen Gynäkologen geriet. In den 1970er Jahren waren die Umstände rund um eine Geburt ganz anders als heute. Sanfte Geburten, Geburtsvorbereitungen mit eigenen Hebammen, die Anwesenheit der Väter – an all das tastete man sich erst allmählich heran. Fehlgeburten waren beispielsweise ein Tabu. Frauen, die sie erlitten, mussten selber schauen, wie sie ihre Traumata aufarbeiteten und damit zurechtkamen. Unterstützung gab es kaum, der Umgang damit war verschämt. Heute wird Eltern, die ein Kind spät in der Schwangerschaft verlieren, zumindest die Möglichkeit gegeben, sich von ihm zu verabschieden, Erinnerungen aufzubewahren, es zu begraben. Damals war das alles noch kein Thema.

Das Kind, das ich damals durch eine Infektion verlor, wäre ein Kind mit einer schweren Behinderung gewesen. Die Natur, beruhigte mich Alfred Rockenschaub damals, entscheidet sehr vieles selber ohne unser Zutun. Knapp zwei Jahre später brachte ich dann unseren Sohn Philip zu Welt. Mein Mann, der bei der Geburt nicht dabei war, erzählte mir, dass er von Prof. Rockenschaub knapp vor Mitternacht telefonisch mit neun Worten geweckt wurde, die lauteten: „Ich gratuliere zu einem gesunden Buben mit 3,10 kg". Das war die schönste Botschaft, die er sich denken konnte. 40 Minuten später war er bei mir im Spital. Dr. Rockenschaub war ebenfalls glücklich und als Dank, dass ich ihm trotz der

Fehlgeburten mein Vertrauen nicht entzogen hatte, schenkte er mir eine kleine Vase eines skandinavischen Designers, die ich noch heute in Ehren halte. Ich denke, dass der Wechsel von einem kinderlosen Ehepaar zu einem Paar mit Kind zu den ganz großen Veränderungen im Leben zählt.

Bei unserer Tochter Lisa war die Schwangerschaft drei Jahre später erneut von Sorgen begleitet. Sie kam früher als geplant, aber gesund auf die Welt und konnte ihren „Frühstart" in den ersten Lebensjahren wieder voll wettmachen. Lisa hat sogar ein beträchtliches, von ihrer Mutter und Großmutter ererbtes Maß an Reise- und Abenteuerlust entwickelt. Schon mit 14 Jahren ist sie allein (mit Umsteigen in Singapur) nach Neuseeland geflogen, um dort (bei einer befreundeten Familie wohnend) drei Monate in die Schule zu gehen. Ein Jahr ihres Universitätsstudiums hat sie an der Universität Kopenhagen absolviert, Prüfungen in dänischer Sprache abgelegt, um dann zwei Monate in Uummannaq (auf Grönland, rd. 600 km nördlich des Polarkreises) in einer ärztlichen Station Einheimische zu behandeln. Das nächste Abenteuer war ein mehrmonatiger Aufenthalt in Thimphu, der Hauptstadt Bhutans, am Südabhang des Himalayagebirges, wo sie mit einem Dienstfahrzeug in entfernte Hochtäler und kaum erreichbare Orte gebracht wurde, um Erkrankungen oder Verletzungen zu behandeln.

Auch unser Sohn Philip, der heute in der Wirtschaft tätig ist, hat während seiner Schulzeit ein halbes Jahr New York mit Wien vertauscht und während seines Studiums mehrere Monate in Big Apple verbracht und sich dabei mit den Söhnen von der im KZ ermordeten Käthe Leichter und deren Familien angefreundet. Käthe Leichter war eine österreichische sozialistische Gewerkschafterin, Gründerin und

Leiterin des Frauenreferats der Wiener Arbeiterkammer; sie starb 1942 in der NS-Tötungsanstalt Bernburg.

In seinen sportlichen Ambitionen ist Philip eher dem Vater nachgeraten und hat den Bergen noch das Wasser (Segeln und Tauchen) hinzugefügt. Beide unsere Kinder sind ausgeprägte Familienmenschen.

In den 1990er Jahren war ich Vizepräsidentin der Organisation „Rettet das Kind Österreich", die sich um die Betreuung sozial gefährdeter Kinder, die Vermittlung von Patenschaften, die Durchführung von Entwicklungs- und Katastrophenhilfe- Projekten im Ausland und um die Hilfe für Randgruppen und Familien in Not kümmert, besonders aber um Kinder mit besonderen Bedürfnissen. Ich war oft in Einrichtungen für solche Kinder zu Besuch. In Österreich wird auf diesem Gebiet Großartiges geleistet, aber es fehlt uns die Selbstverständlichkeit im Umgang mit Kindern (und auch Erwachsenen) mit einem Handicap. Ein Kind mit Behinderung großzuziehen, heißt leider immer noch allzu oft, ein Leben am Rand der Gesellschaft zu führen: Mit eigenen Schulen, weil es viel zu wenig Integrationsklassen gibt und das Prinzip „Inklusion", also das selbstverständliche Zusammensein aller Kinder mit und ohne besondere Bedürfnisse, wird in Österreichs Bildungssystem noch immer nicht ausreichend gelebt. Es bedeutet für die Familie den Verzicht auf ein „normales" Leben, wenn nicht genügend Unterstützung seitens der Öffentlichkeit geboten wird. Es bedeutet für diese Menschen mit besonderen Bedürfnissen ein Leben zwischen betreuten Wohneinrichtungen und Behindertenwerkstätten zu führen, weil Behindertenarbeit in Österreich immer noch eher in „Heimen" und „Zentren" organisiert wird und nicht mit Hilfe persönlicher Betreuer, wie es in Skandinavien schon viel mehr zur Regel geworden ist. Ein Kind mit Behinderung in der Familie großzuziehen heißt meistens für die Frau, ihre Lebensplanung völlig umzustellen und sich auf Pflege, Betreuung und Begleitung zu konzentrieren. Ich finde, dass es Aufgabe unserer Gesellschaft wäre, hier noch viel mehr zu tun. Frauen, die erfahren, dass sie einen Fötus mit einer Behinderung in sich tragen, brauchen keine Belehrungen oder gar Vorwürfe, sondern vor allem eines: Sehr, sehr viel Unterstützung und Zuwendung, egal, für welchen Weg sie sich entscheiden.

Als Elternteil ist man heute besser abgesichert. Karenzzeiten, Kinderbetreuungsgeld, Kindererziehungszeiten werden für die Pension angerechnet; es gibt mehr Krippen, zumindest in den Städten – und vor allem in Wien. Für mich hätte es damals kein Karenzgeld gegeben. Wenn ich mir eine Betreuungsperson für die Kinder genommen hätte, hätte sie nicht viel weniger gekostet, als ich in meinem damaligen Beruf im Museum für Angewandte Kunst verdient habe. Ich habe Glück gehabt, dass wir gut zu viert vom Gehalt meines Mannes leben konnten. Der Entscheidung nicht wieder in eine Berufstätigkeit einzutreten war eine oftmalige Diskussion vorangegangen. Sie ist meiner weiteren Entwicklung nicht im Weg gestanden. Wahrscheinlich haben wir auch „alles in allem" eine faire Arbeitsteilung gehabt.

Frauen von heute, vor allem, wenn sie eine gute Ausbildung haben, wollen und müssen oft möglichst alles gleichzeitig erreichen: eine Familie gründen, einen Beruf mit Perspektiven finden, eine gleichberechtigte Partnerschaft führen, Freundschaften pflegen und noch Zeit für sich selber haben. Das ist durchaus nachvollziehbar: Wozu studieren, wenn man sein Wissen und Talent danach nicht umsetzen kann? Aber es ist schwierig.

Dazu kommt noch ein anderer Aspekt, den ich gut verstehen kann. Frauen – und Männer natürlich auch – haben heute, wie auch in früheren Zeiten, keine Garantie, dass eine Partnerschaft ewig hält. Das ist ein Faktum, mit dem wir rechnen müssen. Als ich heiratete, sollte eine Ehe zugleich eine Art „Versorgungsbündnis" sein. Über die Realität hinter dieser Hypothese ist von der Wissenschaft viel geforscht und in der Literatur viel geschrieben worden. Und es ist gar nicht so einfach, diese unterschiedlichen „Realitäten" miteinander zu vergleichen und zu bewerten.

Um mehr Fakten über die Lebenswelt von Frauen zu erfahren, das eigene Urteil zu schärfen, in einem offenen Kreis respektvoll zu diskutieren und die eigene Meinung auf die Probe zu stellen, hat ein kleiner Kreis von Frauen Anfang der 1990er Jahre beschlossen, sich regelmäßig einmal im Monat zu treffen. Drei Jahre später meldeten wir den „Österreichischen Frauenrat" bei der Vereinsbehörde als Verein an. Wir sind eine offene, überparteiliche Gruppe von Frauen aus vielen Berufen, Forschungs- und Wissensdisziplinen, die Freude daran haben, sich untereinander auszutauschen, vor allem weiterzubilden und die ein Ziel eint: die bestmögliche gesellschaftliche Gleichstellung und Förderung der Frau. Wir wollen offen, ohne Vorurteile und Scheuklappen miteinander diskutieren. Der Österreichische Frauenrat funktioniert fast wie eine kleine Denkfabrik, deswegen sind die Referate auf unserer Homepage auch alle abrufbar und frei zugänglich. Seit der Gründung 1993 bin ich Vorsitzende des Österreichischen Frauenrates.

Die Frauenbewegung der nächsten Generation, der Generation meiner Kinder, ist stark auf den persönlichen Erfolg der einzelnen Frau konzentriert. Das passt natürlich auch besser in Zeiten der „Individualisierung", in denen das Vorankommen des Einzelnen beworben und in den Vordergrund gerückt wird. Es ist im Grunde ein marktgerechter Ansatz. Früher haben Frauenzeitschriften den Karrierismus kritisiert, jetzt geben sie Tipps, wie man sich unter den bestehenden Verhältnissen am besten durchsetzt. Ich kenne viele Beispiele für die Schattenseiten dieses Erfolgsdrucks. Das ständige Organisieren und Jonglieren von Terminen, die Panik, die ausbricht, wenn das fein geknüpfte Betreuungsnetz am Ende dann doch reißt, weil das Kind krank wird, beide Eltern aber arbeiten gehen müssen und die Großeltern weit weg wohnen oder gerade nicht verfügbar sind, etc.

Wir sollten grundsätzlich wieder mehr über Solidarität nachdenken. Und speziell über die Solidarität der Frauen untereinander, weil das weitaus wichtiger ist, als Lebensentwürfe in „gut" und „schlecht", „fortschrittlich" und „konservativ" einzuteilen – Solidarität aber auch zwischen den Geschlechtern und Generationen. Ich erinnere mich gut, als Birgitta Dahl 1994 Präsidentin des Schwedischen Reichstages wurde. Sie erklärte damals öffentlich, dass sie Großmutter sei und ein Mal pro Woche Nachmittagsdienst habe. Das ist mittlerweile mehr als zwanzig Jahre her. Wie lange müssen wir in Österreich noch warten, bis es endlich zur Selbstverständlichkeit geworden ist, dass alle, Mütter wie Väter, aber auch Großeltern – selbst wenn sie in der Politik oder führende Manager und erst recht, wenn sie „Kleinverdiener" sind – ihren Anteil an der Erziehung leisten und auch die gesellschaftlichen Voraussetzungen dafür gegeben sein müssen.

Die Schweden akzeptierten das schon in den 1990er Jahren, genauso wie es schon üblich war, dass Väter ihre Kinder vom Kindergarten, der Schule oder der Krippe abholen und deswegen in vielen Firmen und Ministerien nach vier Uhr nachmittags möglichst keine Sitzungstermine mehr angesetzt werden. Ich behaupte nicht, dass in Schweden oder in anderen Ländern, die familienpolitisch sehr fortschrittlich sind, heute alles schon Wonne und Waschtrog ist. Die Karenzzeiten nach der Geburt sind in diesen Ländern sogar meist kürzer als in Österreich und Alleinerzieherinnen haben es ähnlich schwer wie bei uns. Und die Frage, ob eine außerhäusliche Betreuung von Kleinkindern alles komplett abdecken und kompensieren kann, was eine Mutter zu Hause im Idealfall leisten kann, wird auch in Skandinavien immer wieder diskutiert. Aber der Ausbau von guten Kinderbetreuungseinrichtungen in quantitativer und qualitativer Hinsicht, sowie mehr Solidarität zwischen den Geschlechtern und mehr Verständnis für Familien in der Gesellschaft sind auf jeden Fall akzeptiert und Ziel der Gesellschaft.

Ich weiß, solche Ideen stoßen in Zeiten einer Rezession auf viele Schwierigkeiten, aber vieles, was meine Frauengeneration in den 1970er Jahren an neuen Rechten und Chancen erkämpft hat, klang damals auch noch utopisch. Besonders wichtig ist, dass Frauen und Männer gemeinsam kämpfen. Etwa für eine neue Teilzeitkultur, die es Eltern in der Phase, in der die Kinder klein sind, gemeinsam ermöglicht, Verantwortung und Zeit mit der Familie zu teilen. Ich denke, wir gehen den richtigen Weg, aber es braucht noch viel Beharrlichkeit und Nachdruck. Außerdem dürfen wir nie die Tatsache aus den Augen verlieren, dass wir als Staatsbürger in einer solidarischen Gesellschaft nicht nur zu fordern haben, sondern der Gemeinschaft auch etwas schuldig sind und zu ihrer Entwicklung ebenfalls – je nach Möglichkeit – beizutragen haben. „Feminismus" kann keine Einbahnstraße sein, sondern muss ein in jeder Beziehung solidarisches Konzept sein.

VI
LERNEN AUS DER GESCHICHTE –
Was wir weitergeben

Wenn man noch während der Zeit des Zweiten Weltkrieges geboren wurde und die Geschichte der Zweiten Republik von 1949 an – zunächst als Schulkind – in Österreich erlebt hat, dann ist das doch ein beträchtlicher Zeitraum, auf den man zurückblickt und der auch Schlussfolgerungen zulässt, die man weitergeben kann.

Ich habe als Kind die Übersiedlung von Stockholm nach Wien im Jahr 1949, wie schon erwähnt, als Übersiedlung von einer hellen, heilen und vertrauten Umgebung in eine wenig vertraute, beängstigende von Bomben zerstörte Umgebung empfunden.

Aber gerade die Unsicherheit und das Ungewohnte zu Beginn meines Lebens in Wien brachte es mit sich, dass ich in weiterer Folge den Aufstieg der Zweiten Republik besonders aufmerksam verfolgte und als positiv empfand. Aus den Diskussionen meiner Eltern mit Freunden aus dem In- und Ausland war die Freude über die Konsolidierung der österreichischen Wirtschaft und Gesellschaft für mich als heranwachsenden Teenager deutlich erkennbar und vermittelte mir Sicherheit und Vertrauen in die Zukunft.

Eine besondere Zäsur war der Abschluss des Österreichischen Staatsvertrages im Jahr 1955. Die Sorge, dass es doch noch zu einer Teilung des Landes und zu einem unfreien Ostösterreich unter sowjetischer Dominanz kommen könnte, war damit im Wesentlichen beseitigt. Die schwedische Staatsbürgerschaft verlor ihren Sinn als Rückversicherung und meine Eltern kehrten 1959 nach zehn Jahren als Staatenlose in Schweden und weiteren zehn Jahren als schwedische Staatsbürger in Österreich zur österreichischen Staatsbürgerschaft zurück.

Und doch hat die Geschichte meiner Eltern und das Erlebnis der Emigration meine Befindlichkeit weiterhin beeinflusst. Eine Freundin von mir sagte einmal: Wir sind „im Anders-sein aufgewachsen". Ich finde, das ist eine gute Formulierung. Als junges Mädchen, deren Familie die Kriegszeit und noch einige Jahre dazu im Exil verbracht hatte, war ich im Wien der 1950er und -60er Jahre in manchen Dingen zumindest emotional eine Außenseiterin. Ich spürte, auf manche Dinge anders zu reagieren als Gleichaltrige in meiner Wiener Umgebung.

Die österreichische Gesellschaft hatte sich nach dem Krieg mit der prominenten und auch weniger prominenten Mitwirkung von Österreicherinnen und Österreichern an Verbrechen während der NS-Zeit relativ rasch arrangiert – vielleicht unter dem Druck der damaligen Verhältnisse auch arrangieren *müssen*. Man fragte nach einer kurzen Zeit, in der es „Volksgerichtsverfahren" gab und Sonderregelungen für „Belastete" und „Minderbelastete" immer weniger, wer mit den Nazis mitgemacht und sie unterstützt hatte und wer nicht. Schon gar nicht aber fragte man öffentlich jene, die Opfer dieser Zeit waren, die im Untergrund waren, die in den Konzentrationslagern irgendwie überlebt hatten oder aus dem Exil zurückgekehrt waren: Wie habt ihr überlebt? Was habt ihr erlitten? Wen kennt ihr, der 1938 flüchten musste und jetzt wieder gerne nach Österreich zurückkehren würde? Es herrschte dröhnendes Schweigen. Aber im kleinen Kreis, wie bei uns Zuhause, wusste man, wie es den Hiergebliebenen, den in den Untergrund

Gegangenen und den Heimgekehrten während der Kriegsjahre ergangen war.

Dazu eine Klarstellung: Rache oder Unversöhnlichkeit war in meiner Familie nie ein Thema – im Gegenteil: Ich habe schon erzählt, dass mein Vater z.B. nie Anspruch auf die Wohnung seiner Familie in der Alserstraße erhoben hat, die sich seine Mutter vom Sterbegeld für ihren im Ersten Weltkrieg ums Leben gekommenen Mann gekauft hatte, weil er die Spirale der Enteignungen nicht weiterdrehen wollte. Lieber suchte er einen Neuanfang für sich und uns in einer anderen Gegend Wiens.

Nach und nach kehrten in den Nachkriegsjahren viele ehemalige Nationalsozialisten wieder in führende Positionen zurück – in der Politik ebenso wie in der Verwaltung, der Wirtschaft und sogar der Justiz.

Meine Eltern wussten das, diskutierten darüber, aber sie tolerierten es – auch wenn es ihnen in einzelnen Fällen aus ganz konkreten Gründen manchmal sehr schwer gefallen ist oder unverständlich war. Sie verfolgten Gerichtsprozesse gegen besonders verbrecherische Nazis, die ihnen namentlich aus Briefen oder Erzählungen bekannt waren, aufmerksam. Sie folgten dem Gedanken auch solcher Menschen, die sich geirrt hatten, die einer unheilvollen Bewegung zugejubelt haben oder sogar in der NSDAP nicht nur kleine Mitglieder waren, sondern Funktionen inne gehabt hatten, eine Rückkehr in eine demokratische Gesellschaft zu ermöglichen – sofern sie nicht Verbrechen zu verantworten hatten. Sie waren davon überzeugt, dass es notwendig ist, auf Fehler, die während der Nazidiktatur gemacht wurden, hinzuweisen – aber jetzt eine gemeinsame Zukunft aufzubauen. Diese Toleranz und Großzügigkeit gegenüber den „Ehemaligen" hat mich in jungen Jahren erstaunt, manchmal auch sehr irritiert. Heute in reiferen Jahren verstehe ich aber nicht nur die Haltung meiner Eltern, sondern halte sie in den meisten Fällen für richtig.

Manchmal wurde man dabei aber auch auf harte Proben gestellt. Anfang der 1960er Jahre war das z.B. die sogenannte Causa Borodajkewycz. Dieser Name wird heute nicht mehr vielen Menschen bekannt sein, aber für meine Generation spielte er eine wichtige Rolle. Taras Borodajkewycz war Professor an der damaligen Hochschule für Welthandel, mit einem offenbar sehr schwankenden Charakter und einem NS-Gedankengut, das er auch in der Zweiten Republik in mehrfacher Hinsicht nicht hinter sich ließ. In seinen Vorlesungen gab es häufig antisemitische und das Hitlerregime verharmlosende Formulierungen. Er bezeichnete Rosa Luxemburg in seinen Vorlesungen eine „jüdische Suffragette", lobte Hitlers Anschluss-Rede vom 15. März 1938 auf dem Wiener Heldenplatz als eines der größten Ereignisse in seinem Leben und behauptete vor seinen Studenten fälschlicherweise, dass der Schöpfer der Österreichischen Bundesverfassung „der Jude Kelsen, der eigentlich Kohn" geheißen habe. Der damalige Welthandelsstudent Ferdinand Lacina, der noch heute mit Heinz befreundet ist, den aber auch ich gut kenne, schrieb in den Vorlesungen von Borodajkewycz mit.

Im Februar 1962 veröffentliche Heinz Fischer einen Artikel über die Borodajkewycz-Auslassungen in der Arbeiterzeitung und kam auch in der Monatszeitschrift „Zukunft" darauf zu sprechen. Er zitierte zwar Lacina, nannte aber nicht seinen Namen – aus Sorge, dass Lacina, der sein Studium noch nicht abgeschlossen hatte, allenfalls Nachteile erleiden könnte. Borodajkewycz klagte vor Gericht und bekam Recht, weil Heinz den Autor der Mitschrift nicht nennen konnte bzw. wollte. Er wurde damals zu 4000 Schilling Strafe verurteilt – das entsprach etwa zwei bis drei Monatsgehältern.

Erst nachdem der ORF in einer Satiresendung Gerhard Bronners (dem Vater des „Standard"-Gründers Oscar Bronner) noch einmal aus den Mitschriften Lacinas zitiert hatte und Borodajkewycz – offenbar seiner Sache sicher – die meisten dieser Zitate in einer Pressekonferenz bestätigte, was zu einer Zuspitzung dieser Auseinandersetzung führte und bei einer Demonstration für und gegen Borodajkewycz sogar ein Todesopfer (Ernst Kirchweger) zur Folge hatte, wurde seiner Lehrtätigkeit an einer Universität endlich ein Ende bereitet.

Anders lagen für mich die Dinge bei einer anderen Personendiskussion der 1960er und -70er Jahre, nämlich dem damaligen FPÖ-Obmann Friedrich Peter, mit dem Bruno Kreisky nach seiner Wahl zum SPÖ-Obmann (1967), bzw. nach seiner Ernennung zum Bundeskanzler 1970 in manchen Fragen zusammenarbeitete. Der Konflikt, der danach entstand, ist als „Wiesenthal-Kreisky-Affäre" in die Zeitgeschichte eingegangen. Friedrich Peter wurde 1921 in Attnang-Puchheim in eine rote Eisenbahnerfamilie geboren. Er war im Krieg bei der SS und wurde nach dem Krieg von der US-Besatzungsmacht im Anhaltelager Glasenbach interniert. Nach seiner Freilassung arbeitete er wieder als Volks- und Sonderschullehrer in Oberösterreich. Er machte in der FPÖ Oberösterreich Karriere und war schließlich von 1958 bis 1978 Bundesparteiobmann der FPÖ und von 1970 bis 1986 Klubobmann im Parlament. Zum Unterschied von den hochrangigen „Ehemaligen" und den „Alten Haudegen" aus den Reihen illegaler Nazis, die schon vor 1938 „der Bewegung" angehörten und die es in den sechziger und siebziger Jahren noch in großer Zahl in der FPÖ gab, wo sie alten Zeiten nachweinten, Heldentaten der deutschen Wehrmacht verherrlichten und die Existenz von Gaskammern in den Konzentrationslagern bezweifelten, ist Friedrich Peter meines Wissens weder ein Altnazi, noch – nach dem Krieg – ein NSDAP-Verteidiger gewesen; im Gegenteil: Er war als Parlamentarier eher auf der Seite jener Freiheitlichen, die zu den Verbrechen der Hitler-Zeit eindeutig auf Distanz gingen.

Sein großes Problem war aber, dass er während des Krieges bei der SS war und zwar bei einer berüchtigten Einheit, die sich zweifelsfrei an zahlreichen schlimmen Kriegsverbrechen in der damaligen Sowjetunion beteiligt hatte. Er gab (die unleugbare) SS-Mitgliedschaft zu, bestritt aber jede Teilnahme an Kriegsverbrechen. Sollte man ihm glauben? Oder hatte auch er Blut an seinen Händen? Friedrich Peter hat dies stets und mit größtem Nachdruck bestritten. Er habe sich die Hände nicht schmutzig gemacht. Es gab auch keine Zeugen oder Dokumente, die ihn widerlegt hätten. Aber: „Wie sollte es denn Zeugen geben, wenn alle umgebracht wurden", sagten diejenigen, die Peter für schuldig hielten. Ich weiß bis heute nicht, wer hier Recht hatte.

Ich bin auf dieses Beispiel deshalb eingegangen, weil ich mir damals öfters gedacht habe: Wie soll man über das Verhalten, über Schuld und Unschuld von hunderttausenden Österreicherinnen und Österreichern aus dieser schrecklichen Zeit gerecht urteilen und entscheiden, wenn man nicht einmal in einem ganz konkreten und prominenten Fall im hellen Scheinwerferlicht der Öffentlichkeit mit Sicherheit Wahrheit von Unwahrheit und Schuld von Unschuld unterscheiden kann. Für mich ist Friedrich Peter – dem ich keinen Persilschein ausstellen kann – immerhin ein Beispiel, dass wir Nachgeborenen äußerst vorsichtig sein müssen, wenn wir urteilen, verurteilen oder freisprechen. Es darf nur um die Wahrheit, es darf nicht um politische Taktik gehen.

In der sogenannten „Waldheim-Affäre" – zehn Jahre später – ist diese Problematik (schuldig oder unschuldig), wenn auch unter ganz anderen Begleitumständen neuerlich aufgetaucht. Ich habe den Satz von Kurt Waldheim („Ich habe nur meine Pflicht erfüllt") im Zusammenhang mit seiner Tätigkeit als Offizier der Deutschen Wehrmacht in Griechenland und am Balkan als überaus unglücklich empfunden und man konnte den Standpunkt vertreten, dass jemand mit dieser Biographie (auch ohne persönliche Schuld) nicht gerade Bundespräsident der Republik Österreich werden sollte. Aber was Kurt Waldheim letztlich alles unterstellt wurde – vor allem auch in amerikanischen Zeitungen – war absolut inakzeptabel. Ich habe meinem Mann zugeredet, bei einer Gedenkmesse für Kurt Waldheim im Stephansdom das Wort zu ergreifen und um größtmögliche Fairness bemüht zu sein.

Ich habe aus diesen und vielen anderen Beispielen gelernt, mich der Lebensgeschichte von Menschen möglichst unvoreingenommen zu nähern und genau hinzuhören. Ich will begreifen, unter welchen Umständen ein Mensch diesen oder jenen Weg gegangen ist und allenfalls gehen musste. Und ich will das auch an die nächste Generation weitergeben. Und in stillen Stunden bei der Lektüre von Biografien von KZ-Überlebenden oder Nazi-Verbrechern stellte ich mir immer wieder die Frage: „Wie hätte ich mich in dieser Situation verhalten." Bei Staatsbesuchen hatte ich immer wieder Gelegenheit, Gedenkausstellungen und berüchtigte Gefängnisse von Diktaturen zu besuchen und Erzählungen von Zeitzeugen und Überlebenden zuzuhören. Dazu gehören Kilmainham Gaol-Prison in Dublin, die Gestapo-Gefängnisse in Rostock und Erfurt, aber auch die KZ-Lager Auschwitz, Buchenwald und Mauthausen. Emotionale Wirkungen haben auch die Reste von Nebenlagern in Österreich, die in idyllischen Bergtälern liegen, in mir hinterlassen.

Die Waldheim-Affäre war jedenfalls ein wichtiger Lernprozess für Österreich und hat vieles in Bewegung gebracht. Es wurde nun offen darüber gesprochen, dass Österreicher in der Nazi-Zeit nicht nur Opfer, sondern auch Täter gewesen sind. Der österreichische Nationalfonds für die Opfer des Nationalsozialismus wurde gegründet, die Geschichtsforschung wurde forciert, kritische Wehrmachtsausstellungen konnten nicht nur in Deutschland, sondern nun auch in Österreich gezeigt werden und zuletzt wurde direkt am Ballhausplatz auch ein Denkmal für die Opfer der NS-Justiz errichtet, mit dem auch jener gedacht wird, die bestraft wurden oder ihr Leben verloren, weil sie sich dem Dienst in der Wehrmacht von Adolf Hitler entziehen wollten.

Der Umgang mit Deserteuren aus der Hitler-Armee war ja durch viele Jahre hindurch in Österreich besonders umstritten. Für die einen waren sie Kameradenmörder und im besten Fall Feiglinge, für die anderen waren sie Widerstandskämpfer, die Anerkennung und Verehrung verdienten. Wenn man aber bedenkt, dass die Armee Hitlers für verbrecherische Ziele eingesetzt wurde und dass man sich einen

„Endsieg" der deutschen Wehrmacht im Zweiten Weltkrieg nicht wünschen konnte, weil ansonsten Hitler ganz Europa zu einem „NS-Staat" gemacht hätte, dann ist es nur logisch, dass jemand, der sich dem Dienst in dieser Armee entzieht und damit diese Armee schwächt, nicht Verurteilung, sondern Würdigung verdient. Tatsache ist jedenfalls, dass Österreich nicht nur aus der Tragödie des Zweiten Weltkriegs und aus der Diktatur des Nationalsozialismus mehr und mehr richtige Lehren gezogen hat. Auch aus den 20 Jahren, die der Diktatur Hitlers in Österreich vorangingen (1918–1938) konnte und musste viel gelernt werden. Die politische Entwicklung der Zweiten Republik wäre in dieser Form ohne Lehren aus der Geschichte nicht möglich gewesen.

Ich möchte zum Thema des Lernens aus der Geschichte noch zwei Anmerkungen zu Problemen machen, die uns schon lange, aber derzeit ganz besonders beschäftigen. Das eine betrifft Israel und die gegenwärtige Politik von Israel.

Die Juden haben eine weit mehr als 2000-jährige Geschichte. Sie wurden im Laufe ihrer Geschichte in alle Windrichtungen zerstreut, mussten viel erleiden und wurden oft grausam verfolgt. Die weitaus schlimmste Zeit mit unbeschreiblichen Grausamkeiten und sechs Millionen Opfern erlitten die Juden aber durch den Holocaust, also durch die systematische Ausrottungspolitik Hitlers und der Nationalsozialisten. Es ist daher absolut verständlich, dass auf dieses Trauma reagiert wurde und reagiert werden musste und dass die Idee, für die in alle Welt verstreute jüdische Glaubensgemeinschaft einen sicheren Hafen in Form eines eigenen Staates zu schaffen enormen Auftrieb erhielt und verwirklicht wurde. Dieser sichere Hafen für Juden aus aller Welt ist Israel.

Was ich aber nicht verstehe ist, dass man nur einen Teil der Lektionen aus der Geschichte gelernt hat, einen anderen Teil aber nicht, nämlich jenen anderen Teil, der uns bewiesen hat, dass Sicherheit auf Dauer nur dadurch hergestellt werden kann, dass man alle Gelegenheiten zur Befriedung und Stabilisierung einer Region, zur Herstellung belastbarer Beziehungen mit den Nachbarn und zum Aufbau eines weit gespannten Netzes von Freunden und Partnern nutzt. Die derzeitige Politik Israels ist aber meines Erachtens nicht bereit oder nicht in der Lage diese Lehren zu ziehen und zu berücksichtigen. Angriffe von bestimmten Gruppen radikaler Palästinenser müssen selbstverständlich wirksam abgewehrt und zurückgeschlagen werden. Aber Israel antwortet meistens mit solcher Härte und Überhärte, und nimmt so viel unschuldige Opfer unter der Zivilbevölkerung in Kauf, dass die Stimmung gegen Israel kippt, Israel immer mehr Sympathien verliert und rundherum ein Radikalisierungsprozess eintritt, der dazu führt, dass die Gefahren für das kleine Land nicht weniger, sondern größer werden. Auch innerhalb Israels entstehen dadurch beträchtliche Spannungen.

Ähnliches gilt für die israelische Siedlungspolitik, die gegen Internationales Recht verstößt, zu einer gravierenden Verschärfung der Situation beiträgt und Israel in der Völkergemeinschaft isoliert. Selbst bei den allerengsten Verbündeten Israels, wie den USA oder Deutschland, stößt diese Siedlungspolitik auf scharfe Ablehnung, die in Wahrheit dem Konzept einer Zwei-Staaten-Politik – also dem friedlichen Zusammenleben von Israelis und Palästinensern in zwei getrennten Staaten mit sicheren Grenzen – den Boden entzieht.

Auch in der Iranfrage kann ich die harte Kritik Israels an einem Verhandlungsergebnis, das dazu dient, den Weg des Iran zu einer Atombombe zu versperren – und das wurde nach mühsamen und mit größter Sorgfalt geführten Verhandlungen erreicht – nicht verstehen. An diesen Verhandlungen mit dem Iran waren immerhin die USA, China, Russland, Deutschland, Großbritannien und Frankreich aktiv beteiligt. Die Europäische Union und der Sicherheitsrat der Vereinten Nationen haben das Verhandlungsergebnis begrüßt und Israel hat sich dennoch mit verletzender Schärfe dagegen ausgesprochen. Dabei weiß jeder, dass die Alternativen zu diesem Verhandlungsergebnis nur sein können: Entweder den Status quo wie gehabt fortzusetzen (das allerdings kann den Iran immer näher an Atomwaffen heranbringen); oder zu versuchen, militärisch zu intervenieren und das Programm mit Waffengewalt zu stoppen, was mit völlig unkalkulierbaren Risiken verbunden wäre. Ich bin überzeugt, dass nicht nur dem Frieden in dieser Region, sondern auch der Sicherheit Israels durch das erzielte Verhandlungsergebnis besser gedient ist, als durch die beiden anderen vorstehend genannten Optionen.

Aus der Geschichte lernen, muss für Israel heißen stark zu sein, aber nicht, um alle Probleme militärisch zu lösen, die Zwei-Staaten-Lösung zu verhindern und den Palästinensern keine lebbare Perspektive zu lassen, sondern stark zu sein und Internationales Recht zu beachten, um erfolgreich Verhandlungen führen zu können und dabei von der internationalen Gemeinschaft geschätzt und unterstützt zu werden.

Erinnerungen an die Vergangenheit habe ich auch im Kopf, wenn ich die Entwicklung der Flüchtlingsprobleme in

Europa beobachte. Auch und gerade ganz aktuell. Ich fühle mich persönlich angesprochen, weil ich selbst ein Kind von Flüchtlingen war und weil ich nicht existieren würde, wenn die Flüchtlingspolitik Schwedens vor mehr als 70 Jahren nicht sowohl meinem Vater als auch meiner Mutter Asyl in Schweden gewährt hätte.

Hat es Schweden geschadet? Hat es der Entwicklung Schwedens in den nachfolgenden Jahrzehnten Nachteile gebracht, dass sie Flüchtlingen Asyl gewährt haben? Hat es Schweden zu bereuen einen Bruno Kreisky, einen Otto Binder und viele andere aufgenommen zu haben, die dann später in ihre Heimat zurückkehrten und die besten Botschafter Schwedens im Ausland wurden? Hat es den USA geschadet, dass sie Flüchtlinge aus Österreich und Europa aufnahmen, aus deren Kreisen später Nobelpreisträger, Wirtschaftskapitäne, berühmte Künstler und Intellektuelle hervorgingen oder eben einfache Arbeiter, Angestellte oder Landwirte wurden?

Natürlich bin ich nicht so naiv zu glauben, dass in jedem Flüchtling ein potenzieller Nobelpreisträger steckt, aber es steckt auch nicht in jedem Flüchtling ein potenzieller Feind, ein Sozialschmarotzer oder jemand, der nicht bereit ist, zur Entwicklung seines Gastlandes nach besten Kräften beizutragen.

Eine gewisse Ironie, auf die ich hinweisen möchte, besteht auch darin, dass sich unter jenen, die sich besonders kritisch bis feindselig über Flüchtlinge und Zuwanderung äußern, sehr viele befinden, deren Eltern oder Großeltern selbst als Flüchtlinge und Zuwanderer in das Gebiet der heutigen Republik Österreich gekommen sind.

In der aktuellen Flüchtlingsdiskussion gibt es – nicht nur in Österreich – zwei Grundpositionen: Die einen sagen im Wesentlichen, man möge die Grenzen dicht machen, um die Heimat vor einer Flüchtlingsflut zu schützen. Die anderen verweisen auf die Tatsache, dass das Asylrecht (nach Überprüfung entsprechender Voraussetzungen) ein nicht verhandelbares Grundrecht sei. Und dass man Menschen auf der Flucht anständig behandeln muss.

Es wird niemanden überraschen, wenn ich aufgrund meiner Lebensgeschichte das Asylrecht verteidige und die Achtung desselben einfordere. Da aber das Asylrecht heute nicht nur ein Recht ist, das von relativ kleinen Gruppen einer Bevölkerung in Anspruch genommen wird, wie das in früheren Phasen der Geschichte der Fall war, sondern da heute Millionen Menschen auf der Flucht sind und z.B. allein in Deutschland im Jahr 2015 deutlich mehr als 800.000 Asylsuchende erwartet werden (in Österreich dürften es etwa ein Zehntel dieser Zahl sein), müssen das Flüchtlingsproblem und das Problem der Asylgewährung als zentrale Aufgaben der europäischen Politik und der österreichischen Politik betrachtet werden. Schlechte und ungerechte Regelungen im Bereich der europäischen Flüchtlingspolitik schaden sowohl den Flüchtlingen als auch der Europäischen Union.

Genauso intensiv wie mit der gerechten Verteilung von Flüchtlingen muss man sich aber auch mit der Bekämpfung und Überwindung von Fluchtgründen in den Herkunftsländern der Flüchtlinge beschäftigen. Krieg ist der Hauptgrund für Fluchtbewegungen und die Bekämpfung und Beendigung militärischer und gewaltsamer Auseinandersetzungen daher oberstes Ziel internationaler Flüchtlingspolitik.

Mein Mann zitiert häufig und mit großer innerer Zustimmung den Artikel 1 der Menschenrechtsdeklaration und hat den Text während seiner Zeit als Präsident des Nationalrats sogar beim Haupteingang des Parlamentes auf einer Tafel eingravieren lassen. Er lautet: „Alle Menschen sind frei und gleich an Rechten und Würde geboren und haben einander im Geist der Brüderlichkeit zu begegnen."

Die Geschichte lehrt uns, dass es sich bitter rächt, gegen diesen Grundsatz zu verstoßen. Auch diese Erkenntnis möchte ich an die nächste Generation weitergeben. Eine friedliche Welt, eine funktionierende Demokratie und eine gerechte Gesellschaft sind keine Errungenschaften, die uns – einmal erkämpft – ohne weitere Anstrengungen auf Dauer erhalten bleiben, sondern es fordert sogar intensive Anstrengungen der nachfolgenden Generationen, diese Errungenschaften auf Dauer lebendig und funktionsfähig zu erhalten sowie an neue Gegebenheiten anzupassen.

Wenn ich darüber nachdenke, was wir aus der Geschichte lernen können, frage ich mich als jahrzehntelange politische Beobachterin aus der zweiten Reihe oft auch eines: Wann haben Politikerinnen und Politiker überhaupt noch Zeit, in Ruhe nachzudenken? Ich will nicht in das Klagelied des „Früher war alles besser" verfallen. Ich schätze moderne Technologien. Ich erledige meine Korrespondenz per E-Mail, ich nutze natürlich mein Handy und das Internet. Aber wenn ich die letzten fünf Jahrzehnte Revue passieren lasse, hat sich doch vieles im politischen System sehr verändert – und nicht alles in eine positive Richtung. Es gab früher mehr Zeit, sich in ein Thema einzulesen. Zeit, seine Gedanken in einem Aufsatz zusammenzufassen. Heute muss die Politik binnen Stunden reagieren, für Reflexion bleibt kaum Gelegenheit. Dabei wäre sie so wichtig. Mehr Reflexion, weniger Schnellschüsse, mehr Rücksichtnahme, weniger Egoismus, mehr Sachlichkeit, weniger Polemik, mehr Humanismus und weniger Nationalismus – solche Zielsetzungen wären Beweise, dass man aus der Geschichte gelernt hat.

Abkürzungsverzeichnis

AIT	Austrian Institute of Technology
BZÖ	Bündnis Zukunft Österreich
Ecsite	Französische Abkürzung für das: European Network for Science Centres & Museums
FPÖ	Freiheitliche Partei Österreich
KZ	Konzentrationslager
NSDAP	Nationalsozialistische Deutsche Arbeiterpartei
ÖFR	Österreichischen Frauenrat; www.frauenrat.co.at
ÖGB	Österreichischer Gewerkschaftsbund
OSZE	Organisation für Sicherheit und Zusammenarbeit in Europa
ÖVH	Österreichische Volkshilfe, www.volkshilfe.at
ÖVP	Österreichische Volkspartei
SA	Sturmabteilung (Nationalsozialisten)
SAJ	Sozialistische Arbeiterjugend
SBZ	Sozialistische Bildungszentrale
SCN	ScienceCenter-Netzwerk; www.science-center-net.at
SDAP	Sozialdemokratische Arbeiterpartei
SPE	Sozialdemokratische Partei Europas
SPÖ	Sozialistische Partei Österreichs, ab 1991 Sozialdemokratische Partei Österreichs
SS	Schutzstaffel (Nationalsozialisten)
TVN	Touristenverein Naturfreunde
VSStÖ	Verband Sozialistischer Student_innen in Österreich

Personenregister

A

Adler, Max 38, 157
Aigner, Bruno 169
Annan, Nane (verh. m. Kofi Annan) 119
Apelquist, Seved 65, 68, 73
Arafat, Jassir 160

B

Bakunin, Michail 63
Ban Ki-Moon 178
Ban Soon-taek 134, 178
Bauer, Otto 29, 72
Beaufort-Spontin, Christian 79
Bebel, August 141
Benya, Anton 151, 152, 154, 159
Benya, Hilde 151
Bernadotte, Folke 55
Beveridge, William Henry 70
Bielohlawek, Hermann 24
Binder, Fanny 14, 21, 30, 33
Binder, Gisela 14, 21
Binder, Hans 14, 21, 22, 27
Binder, Heddy 14, 23, 26, 27, 28, 32, 45
Binder, Hermine (geb. Weissenstein) 15, 22, 23, 25, 26, 27, 28, 29, 32, 36, 95
Binder, Isidor 14, 21
Binder, Josef 14, 21, 22
Binder, Julius 14, 21, 23
Binder, Karl 14, 21
Binder, Lennart 15, 63, 71, 73, 74, 99, 101, 169
Binder, Marianne (verh. Bernhart) 15, 63, 101, 169
Binder, Max 14, 21, 22
Binder, Moritz 14, 21, 22
Binder, Otto 10, 15, 18, 19, 20, 23, 25, 26, 29, 32, 35, 36, 39, 40, 41, 46, 73, 96, 97, 140, 210
Binder, Regina 14, 21, 22
Binder, Wilhelm 14, 21, 22, 27
Blecha, Karl 140, 156, 157, 163
Blomberg, Nils und Familie 65
Boothroyd, Betty (Elisabeth) 161
Borodajkewycz, Taras 202, 203
Brandt, Willy 160, 176
Brauner, Annelie 68
Brauner, Fanny 68
Braun, Helmut 140
Broda, Johanna 141
Bronner, Gerhard 203

Bronner, Oscar 203
Buckminster Fuller, Richard 82
Busek, Erhard 158
Bush, Laura 173

C

Carl XVI. Gustaf 178
Castro, Fidel 107, 176
Charles, Prince of Wales 177
Chātami, Mohammed 123
Christian Broda 155, 184
Cook, Robin 152
Czerny, Wolfgang 87
Czettel, Hans 148, 152

D

Dahl, Birgitta 117, 161, 196
Deutsch, Laci (Ludwig) 39
Diana, Princess of Wales 176
Dohnal, Johanna 184
Dubček, Alexander 155, 156, 162

E

Einem, Caspar 87
Elizabeth II. 176
Emhart, Maria 159

Engels, Friedrich 64
Ernst, Willi 39

F

Ferrero-Waldner, Benita 170, 171
Fico, Robert 162
Firnberg, Hertha 108, 184
Fischer, Anna 5, 136, 138
Fischer, Edith 141, 143, 169
Fischer, Emmy (geb. Königsberger) 142, 143
Fischer, Julia 5, 138
Fischer, Lisa 15, 80, 81, 106, 113, 158, 161, 169, 185, 192
Fischer, Philip 15, 80, 81, 106, 113, 158, 161, 169, 185, 191, 192, 193
Fischer, Una 5, 138
Fischer, Wilhelmine (verh, Sagmeister) 143
Fraser, John Allen 82
Fröhlich, Josef 87

G

Gaddafi, Muammar al 160
Gauck, Joachim 43, 178
Gaugl, Susanne 169
Geremek, Bronisław 162

Gertner, Hella 120
Glöckl, Otto 36
Goebbels, Hermann 48
Graf, Robert 159
Granath, Axel 56, 60
Gratz, Leopold 149
Gusenbauer, Alfred 165, 166
Gustafsson, Gerda 57, 65

H

Haider, Jörg 162, 171
Hájek, Jiří 109, 155
Halonen, Tarja 177
Hammer-Tugendhat, Daniela 79
Handke, Peter 118
Hansson, Per Albin 32, 74, 75, 77
Häupl, Michael 166
Häuser, Edith 77
Heinz, Dora 79, 150
Heinz, Karl 56
Himmler, Heinrich 55
Hitler, Adolf 24, 39, 48, 53, 58, 202, 206, 207
Hobinka, (Vorname nicht überliefert) 36
Hobsbawm, Eric 18
Hohenfellner, Peter 176

J

Janýr, Přzemysl 155
Jochmann, Rosa 9, 159
Jonas, Franz 142, 172
Jonas, Grete 172

K

Kaiser Karl I. 35
Karlsson, Arne 55, 68
Karlsson, Ilse (geb. Weil) 68
Karlsson, Tommy 98
Kautsky, Benedikt 29, 141
Kelsen, Hans 202
Kienzl, Heinz 154
Kirchschläger, Herma 173, 174
Kirchschläger, Rudolf 173, 181
Kirchweger, Ernst 203
Klaus, Josef 147, 159
Klestil-Löffler, Margot 174
Klestil, Thomas 168
Klimt, Gustav 157, 158
Köhler, Eva Luise 177
Köhler, Horst 177
König, Franz 151
König Gustav V. 55
Körner, Theodor 73, 172
Kovács, László 162
Kramář, Karel 35
Kraus, Karl 35

Kreisky, Bruno 29, 49, 55, 56, 67, 68, 80, 140, 145, 68, 148, 149, 152, 155, 158, 159, 160, 163, 175, 176, 203, 210
Kreisky, Peter 140
Kreisky, Vera 49, 67
Kučan, Milan 162
Kyrle, Martha 172

L

Lachs, Minna 77, 154
Lachs, Thomas 154
Lacina, Ferdinand 202, 203
Lanc, Erwin 140
Lang, Franz mit Familie 153
Lassalle, Ferdinand 141
Leichter, Käthe 192
Leichter, Otto 70
Liebermann, Norbert 73
Luxemburg, Rosa 202

M

Maleta, Alfred 163
Mandela, Nelson 115, 176
Marx, Karl 64
Matteotti, Giacomo 40, 45, 52
Mbeki, Thabo 176
Migsch, Alfred 140
Mikesch, Hansjörg 137

Morton, Frederic 47
Mrak, Gretl 74
Myrdal, Alva 69
Myrdal, Gunnar 69

N

Napolitano, Clio Maria (led. Bittoni) 177
Napolitano, Giorgio 162, 177
Näsvall, Emil 75
Neumann, Erwin 150
Nilsson, Gunnar 65
Nittel, Heinz 140
Nylander, Anne Marie 60
Nylander, Carl 60
Nylander, Elisabeth 60
Nylander, Lennart 60, 63
Nylander, Margareta 62
Nylander, Margaretha 60
Nylander, Mary Anne 60
Nystrom, Sigge 65

O

Obama, Barack 135
Obama, Michelle 135
Olah, Franz 148
Oppenheimer, Frank 83, 84
Oppenheimer, J. Robert 83

P

Pahor, Borut 162
Palme, Olof 160
Peres, Shimon 133, 160, 186
Persson, Göran 177
Peter, Friedrich 203, 204, 205
Pittermann, Bruno 140, 147, 148, 152
Pöder, Rudi 159
Popelka, Alfred 56
Popow, Valeri 151
Portisch, Hugo 117
Prammer, Barbara 165
Probst, Otto 72, 147
Pusterer, Angela 30
Pusterer, Anni 15, 18, 19, 20, 21, 30, 33, 34, 40, 41, 42, 45, 46, 52, 58, 59, 95, 97, 100
Pusterer, Fini (Josefine) 30
Pusterer, Franziska „Mammi" (geb, Henzinger) 30, 31, 32, 33
Pusterer, Josef 30, 31, 32
Pusterer, Josef jun. (genannt Sepp) 30, 33

R

Raab, Julius 145
Rabin, Jitzchak 120
Rabin, Lea 120
Reagan, Nancy 173
Reagan, Ronald 173
Renner, Karl 144, 172
Rockenschaub, Alfred 190, 191
Rubel, Eisig 35

S

Sachs, Geoffrey 92
Sagmeister, Gerda 143
Sagmeister, Kurt 143
Sagmeister, Lisbeth 143
Sagmeister, Mini 144
Sagmeister, Otto 143, 144, 145
Sallinger, Rudolf 151
Salmhofer, Astrid 169
Saragat, Giuseppe 40
Schadt, Daniela 178
Schärf, Adolf 145, 172
Schönerer, Georg von 24
Schröder, Gerhard 162
Schüssel, Wolfgang 158
Schuster, Franz 75
Schwarzenberg, Anna-Maria 79
Schwarzenberg, Karel 79
Šik, Ota 155
Silvia, Königin v. Schweden 178
Sköld, Per Edvin 70

Slavik, Felix 147
Sophia, Königin v. Spanien 132
Stadler, Monica 87
Stalin, Josef 58
Steinocher, Karl 159
Strasser, Peter 140
Streicher, Barbara 12, 87
Süssmuth, Rita 161

T

Thorén, Margit 79

U

Uosukainen, Riitta 161

V

Vogel, Hans-Jochen 178
Vogel, Liselotte 178
Vranitzky, Franz 161, 162
Vujanović, Filip 162

W

Waldbrunner, Karl 145, 147, 152
Waldheim, Elisabeth 174
Waldheim, Kurt 205
Wallenberg, Raoul 54
Wehsely, Sonja 171

Weissenstein, Frieda 15, 26, 27, 28
Weissenstein, Hermine (verh. Binder) 15, 22, 23
Weissenstein, Ignatz 15, 24, 25
Weissenstein, Max 15, 25
Weissenstein, Oscar 15, 25
Weissenstein, Sophie 15, 25, 26, 27
Weissenstein, Therese 15, 24, 25
Weiss, Lixl (Kurt) 39
Wiesenthal, Simon 203
Withalm, Hermann 159

Z

Zeman, Miloš 162

Bildnachweis

Cover: Ingo Pertramer

Alle Bilder sofern unten nicht anders angeführt: Privatarchiv Fischer

Seite 109: Kurier – Klugar
Seite 117: HBF – Hotovy (Heeresbild- u. Filmstelle)
Seite 118: Österreichische Nationalbibliothek – Willibald Haslinger
Seite 119: Bildagentur Zolles – Mike Ranz
Seite 121: Sepp Friedhuber
Seite 124: HBF – Dragan Tatic
Seite 125: Ingo Pertramer
Seite 127: HBF – Dragan Tatic
Seite 129: Adlerarena Burg Landskron
Seite 130: Mit freundlicher Erlaubnis des Generalsekretariats im Amt des Präsidenten der Italienischen Republik
Seite 132: HBF – Peter Lechner
Seite 133: HBF – Peter Lechner, Carina Karlovits
Seite 134: UN-Photo
Seite: 135: The White House Fotographers
Seite 136: Verein ScienceCenter-Netzwerk – Barbara Streicher
Seite 137: Verein ScienceCenter-Netzwerk – Petra B. Preinfalk

Bibliografische Information der Deutschen Nationalbibliothek
Die Deutsche Nationalbibliothek verzeichnet diese Publikation in der Deutschen Nationalbibliografie;
detaillierte bibliografische Daten sind im Internet über http://dnb.d-nb.de abrufbar.

1. Auflage

Mitarbeit: Barbara Tóth

Lektorat: Ulli Steinwender

Grafische Gestaltung und Satz: Burghard List

Gedruckt in der EU

Copyright © 2015 by Christian Brandstätter Verlag, Wien

Aus Gründen der einfacheren Lesbarkeit wird teilweise auf die geschlechtsspezifische
Differenzierung verzichtet. Entsprechende Begriffe gelten im Sinne des
Gleichbehandlungsgesetzes grundsätzlich für beide Geschlechter.

Alle Rechte, auch die des auszugsweisen Abdrucks
oder der Reproduktion einer Abbildung, sind vorbehalten.
Das Werk einschließlich aller seiner Teile ist urheberrechtlich geschützt.
Jede Verwertung ohne Zustimmung des Verlages ist unzulässig.
Dies gilt insbesondere für Vervielfältigungen, Übersetzungen, Mikroverfilmungen und die
Einspeicherung und Verarbeitung in elektronischen Systemen.

ISBN 978-3-85033-925-4

Christian Brandstätter Verlag
GmbH & Co KG
A-1080 Wien, Wickenburggasse 26
Telefon (+43-1) 512 15 43-0
Telefax (+43-1) 512 15 43-231
E-Mail: info@brandstaetterverlag.com
www.brandstaetterverlag.com

Designed in Austria, printed in the EU

cover design: kratkys.net